LYRIKEDITION 2000

begründet von Heinz Ludwig Arnold †

Wolfram Malte Fues, geboren 1944, Dr. phil., bis 2010 Dozent für Neuere deutsche Literaturwissenschaft sowie Medienwissenschaften an der Universität Basel. Von 1992 bis 2003 Leiter des interdisziplinären Lehr-Angebots »Kulturgeschichte der Wissenschaften«. Zahlreiche wissenschaftliche, essayistische und belletristische Publikationen. Mitbegründer des Internationalen Lyrikfestivals Basel. In der Lyrikedition 2000 erschien von ihm der Band »InZwischen« mit Zeichnungen von Thitz, »SkalpeSkalpelle« ist sein sechster Gedichtband.
Weitere Informationen unter www.fues.ch

Kathrin Wächter wurde 1970 in Detmold geboren. Seit Ende des Kunststudiums 1994 ist sie selbstständig als Malerin tätig. Seit 2006 lebt sie in Lörrach.
Weitere Informationen unter www.kathrinwaechter.com

Wolfram Malte Fues

SkalpeSkalpelle

Gedichte

Mit Zeichnungen von Kathrin Wächter

und einem Nachwort von Alexander Honold

LYRIK
EDITION
2000

Informationen über den Verlag und sein Programm unter:
www.allitera.de

Informationen über die Lyrikedition 2000 unter
www.lyrikedition-2000.de

März 2016
Allitera Verlag
Ein Verlag der Buch&media GmbH, München

Printed in Germany · ISBN 978-3-86906-854-1

Mit freundlicher Unterstützung
der Galerie Mollwo, Riehen

es ist sehr klein.
die grenzen
seiner sprache
liegen dicht
bei den grenzen
seiner haut.

die ufer
des wassers auf
seiner erde
sind wieder
aus wasser

von wischtuch
bis daumendruck
auf es
oder ist
von pech
bis schwefel
auf klein
oder sehr
auf grad
und ungrad.

Es ist sehr groß.
Die Grenzen
seiner Sprache
liegen nicht
bei den Grenzen
seiner Haut.

Die Ufer
des Wassers auf
seiner Erde
sind nahe
am Ufer

des Wassers über
Ist bei Nicht
glänzend von Mehr
hin und wieder.

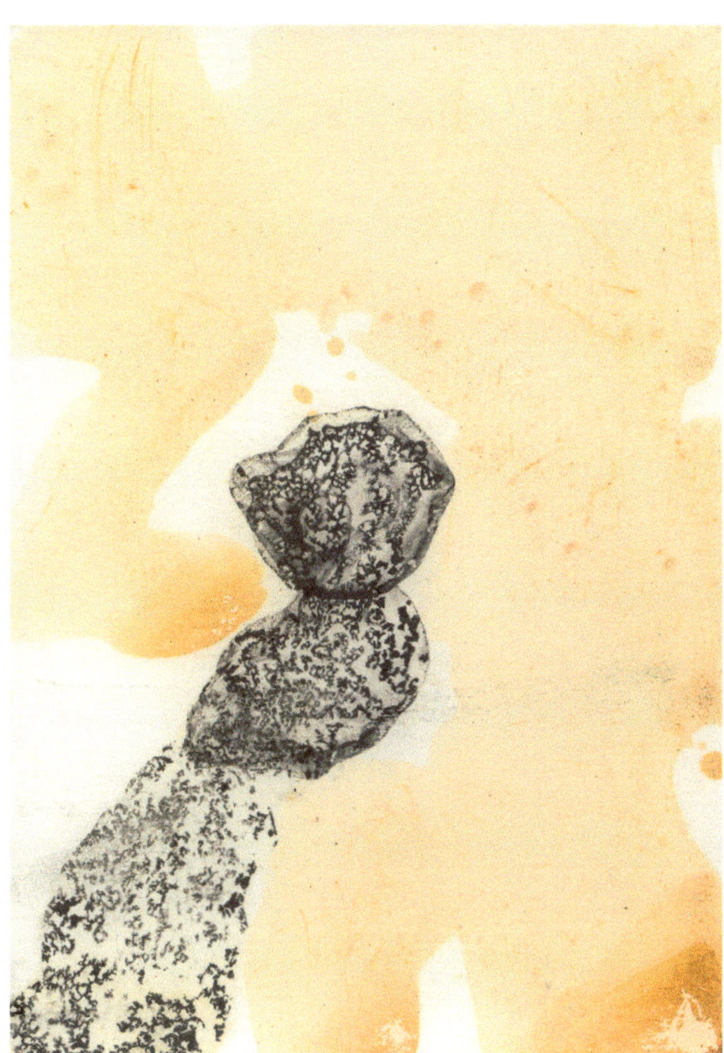

Abblende
asymmetrisch
asymptotisch
asynchron

Überfallkleid
Taschen Falten Paspeln
Aufnäher Abnähte, suchst Du
den Änderungsschneider, dem Du
Modell und im Licht stehen wirst?
Oder im Grau in Grau
von Anfang bis Anfang die Pier
für die Glückspost, die neue
Schuldbriefe bringt mit Dank
für geleistete Lüste?

Die Sonne zieht nach, zieht
sich um für die Hochzeit
von Protein
und Silizium.

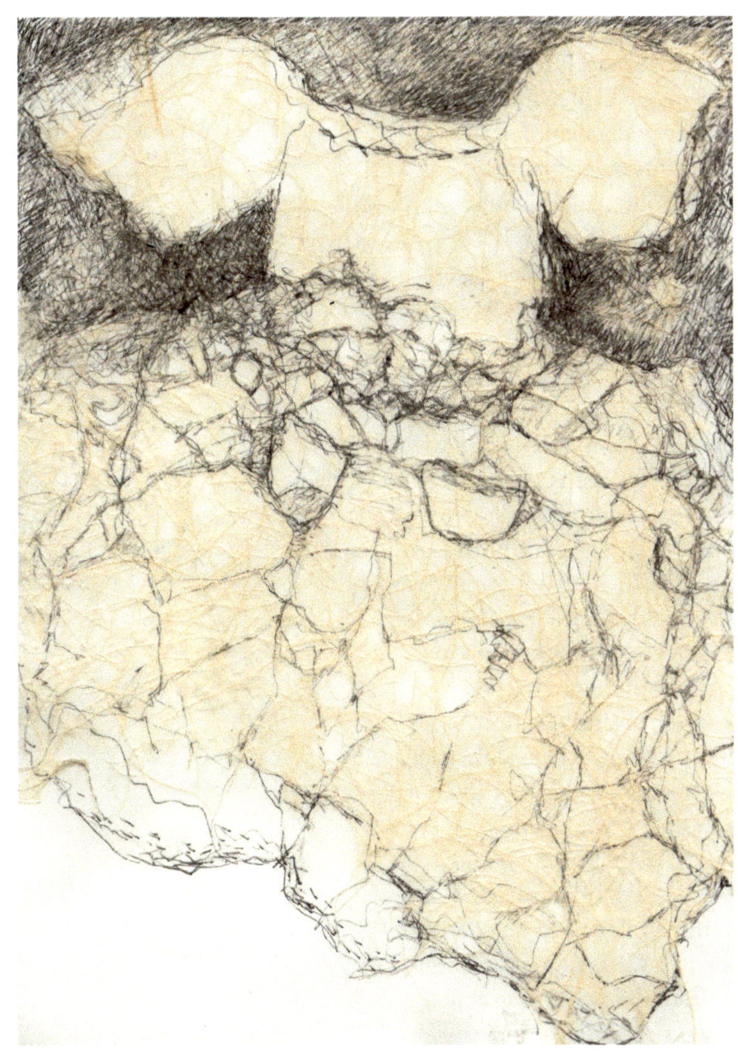

So fern, so fort, so gleich
in den Papierblumenkreis
der beim Welken an Salz denkt
ans Salz aus dem Beifall
sich sinternder Steine
an die Salznadelschließe am Grund
des meernächsten Kliffs
im Riffgürtel vor der Lagune.
Nereiden, Delphine
das Logo des leer-
schwingenden Surfbretts hält
die Wellen aus Quellöl und Krill
vor dem Strand der Lagune
für die Treppe zum Wasserschloss, heißt
die Facebook-Freunde willkommen
zum Spiegel- und Schattenrisskrieg.

Korallenring, die Fassung
des herausgebrochenen Opals
ein Damm, eine Reuse
vor der Berührung des Auges
mit dem auf Schleusenbetrieb
wartenden Wort für Auge.
Die Steine am Grund
des Salzstocks am Grund
der Papierblumenvase. Dort unten
sammelt das Blatt aus der Zeit
als das Welken noch geholfen hat
Salzstaub in sein Staubbuch
hofft sich im auf- und ab-
steigenden Befall
Punkt für Punkt unbeschreiblich.

Händler mit Accessoires
zum Sonnen-Synapsen-Bad
lehnen am Drehbaum des Karussells
aus Halsketten, Haarspangen, Ohrclips.
Sobald die Lagune die Lippen
unserer Lieben Frau
von Landunter im Drehorgeltakt
zu Mittsommerlächeln verzieht:
Auslegerboote, Weberschiffchen
kreuz und quer durch den blauen Saum
dem Krieg das Verlaufsprotokoll
für List und Verlust stellend, cum
ira qua studio et
grano salis.

Der Kreis der bewohnbaren Welt
ein verbeultes, splittriges Rechteck
mit stumpf geschliffenen
Breiten und Längen
allenfalls notfalls vergleichbar
einer ausgeschlachteten, abgefackelten
in Böen windfährigen Mülls
ächzenden Karosserie. An-
schändlich ähnlich dem Zinnenumlauf
der Krone im Dachpappengiebel
über der Schiessbude. Wenn
Vater abdrückt, fällt
ein Tropfen geteertes Gold
Mama aufs Lebkuchenherz.
Drunter und drüber
der Powerpoint-Mond
Bühnen-, Laborlicht, Tunnel-
Beleuchtung, hier
fahren nur noch Express-Züge.
Nächster Halt nächstens, wir
drängen uns enger und enger
unter den schwarzen Anzeige-Tafeln
auf dem Perron. Über uns
schaukelt's, Nase Augen Mund
Kürbiskerze, Kindergeschichte, hast du
noch nicht genug
Lampions aus nicht mehr lange
wasserabstoßendem Öl-Papier, leere
Tische, nasse
Tischtücher mit
Herbstlaub bedeckt wie bedruckt

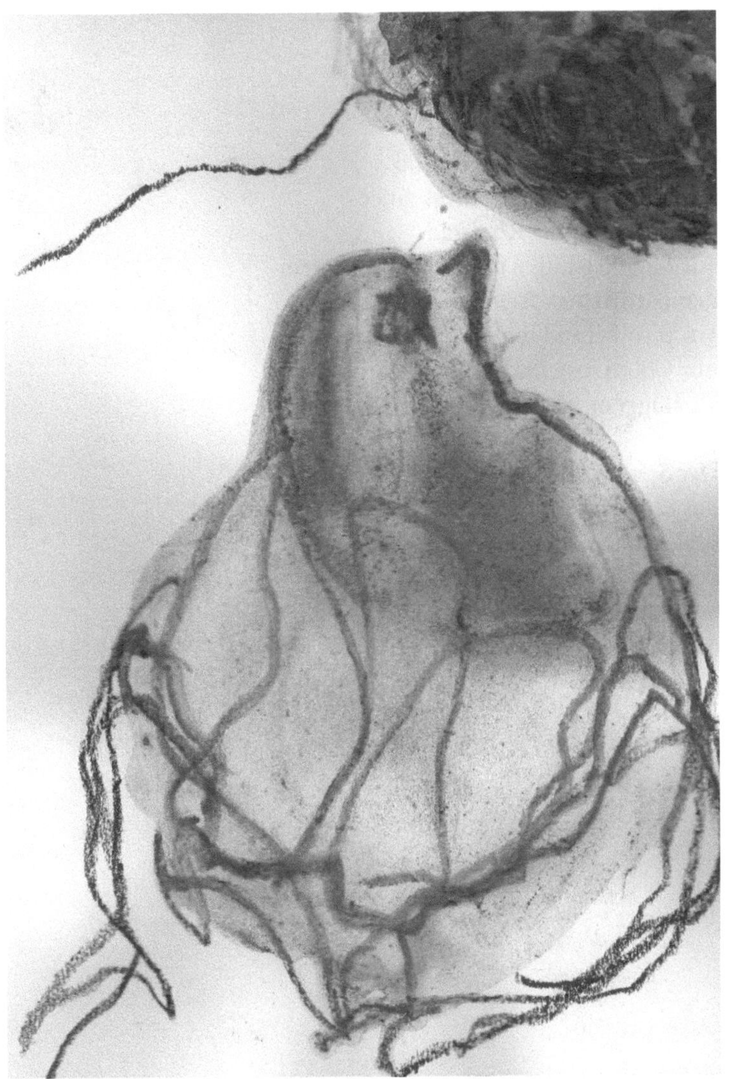

als zög es dem tauig
bröckelnden Bierfilz
Schläfenschrauben an.

In der Ringrinne plätschernd
schmelzender Ganzjahresschnee
flicht Reusen ins Rhönrad
aus Fließkristall, Tintenschlick, Protein
den natürlichen Reichtum natürlich
am Scroll-Rand wohnlich vergrabend
mit Cola-Dose und Compact-Disc
als flüggem, flüchtigem Grabkreuz.

Der Spatz in der offenen Hand
die zärtlich sein kann und zudrückt
schielt nach der Taube
auf dem Dach der Welt.
Sein letzter noch voll-
mondig bewohnbarer Name
schlägt schon
ihre Flügel.

An Dich I

Seit der Papiertaschenstapel
hinter der Tür nicht mehr wächst
schreibe ich Deine Haushaltbücher
zu Reisejournalen um
und freue mich wie mit Dir
an meiner entbehrlichen Arbeit.

Die letzte Kolonne
sagt, es wird Herbst
und bleibt es.
Deine Buchstaben, jeder
Chiffre von Anlass
bis Zukunft halten
das Jahr außen vor. Sieh

aus dem Bild im Bücherregal
mir über die Schulter und
freu Dich für mich, wie sehr
Du mich rechnen gelehrt hast.

Das Einaug
des Funkenflugmelders
das Augenein
des Wasserstandsmelders
das Meldeformular
für den Sichtvermerk

Melting-point. Ich
zähle wieder
zur Mir-Zahl dazu, denkt es
in ausfächernd aus-
flügelnde Spiegel, während
die Maske aus Seidensatin
Strass, Silber und Süßwasserperle
den Brennpunkt der Augen-irr-Augen
am Grund, im Schlamm
des Corso-Kanals
von Abzweig zu Abzweig schiebt.
Kleine, liedhaberisch
tückische Wellen, scharf
von wund gewinkeltem Licht
reiben sich schrill an Marmor
buntem Holz, Bakelit
schärfen ihr Koloratur-Skalpell
für prismatischen Schlaf
wiegende Fenster.

Die Pissoir-Wand entlang
zum eisig den Fuß
auf Seife und Porzellan
setzenden Schau-Berg.

Was die Ösen am Klapp-
spiegel mutmaßen
würde jetzt gern
die Nase rümpfen, wenn ich
sie die Berg-Schau
scharnieren ließe. Vermutlich
würd es gelenk
in die Stirnhöhlen absteigen
durch die eustachische Röhre
hinter die Augäpfel schliefen, sich
Zäpfchen anschminken, die Nuten
im Hippocampus hoch kriechen
Simse, Nische
Galerien, Arkaden
Ballsäle ausfindig machen
Galanterien der Schwerkraft
in trocken gedunkelter Pisse.

Den Chip mit dem Zwei-Grad-Profil
für ein fröhliches halbes Jahrhundert
an der Zungenwurzel, spuckt sie
Eisströme, Schneestürme
in den Kanal, wo das weiße Schiff
mit der Kühlbox für trans-
genes Augenlicht jeden Augenblick
durch muss. Er
verzahnt sich der Windsbraut
per Zungenkuss, so
fallen beide Art Déco
in den Auktions-Salon.
Palmen, Farne in Polymerie

Violet Velvet, Seiden-
Sprünge, -Mäander, -Bergèren
Pfirsiche, Kirschen in einlaut
vieläugig glänzendem Glas
Schalen in Hüftschwung
Sparlicht
spitzende Feen. Wir
ich und Ich
trennen uns hier. Ich
stelle den Corso
hinter den Spiegeln mir vor
die Spiegel, dehne
Ich in den Morgenspaziergang
um Pappel-, Peitschenmast-, Blauzonenweg
mit den frohgrün leuchtenden
Hunde-Dreck-Kästen, den trendgrün
gestrichenen Bänken am Rand
sattgrüner Wiesen
begrüße ihn frostfroh
schneidenden Quer-Wind
vom ost wie west äußersten Winkel
sie und ihn auf Distanz
haltender Serpentinen. Segnende
Hände, an jeder
Fingerspitze ein Puppenkopf. Jeder
kennt und benennt den Kreisinhalt
des mittenden Spiegels, jeder
anders. Mein
mit der Tür zum Pissoir
ins Spionauge fallender Untermut
ist meiner Erzählung

von den Fingerkopfpuppen
aufsässig, auch der
meines Morgens. Meine
schilt er zu kurz
seine
zu lang.

Mutproben? Keine
Angst. Keine. Dieselben
Laternen im selben
Abstand. Derselbe
Kehraus im Kehrreim
der Kehr-Maschinen.
An der Bartheke nichts
als Pausen- und Prüfton
Frankfurt, Tokio, New York
schnellere, schärfere Bässe.

Früher Später
eines so oder so
klaren Tages vermutlich
sommers und winters dieselben
Biergartenstühle.

Das ist der Augenblick.
Das wär der Augenblick.
Der, den ich Dir gern
zugäbe, läge
unter Wär wenn Ist

(ohne Gewähr? Mit?
Mückenschwirrig, Kompost
aus verfallendem Vokal?)

insofern er uns einfach
zwischen die Augen sähe, kein
Ende im Klimpergang
um die ewig allmählich ab-
brennende Anstiftungskerze.
Osmose, Scriptase, Cartoons
im schmutzigen Zellstofftuch
mit dem sich folgreich erfolgreich rein
waschenden Anagramm
aus der Gorgo, die Pallas im Schild führt, und
den Papierschiffchen aus den Seiten des Buchs
die der Bischof Südost
mit dem Bischof Nordwest
kupferne Verse wechselnd
an ihr vorbeischickt. So
wär das So wär's
fürs Ist kreditiert
blickdicht verkapselt
in den Knauf des vom Regen geschwärzten
Marschallstabs, in
Pollen- und Funkenflug, in

das zerbeulte Red Bull
im Rachen der Löwen rechts
und links vom Treppenaufgang
in die Jogging-Loipe im Kies
des Cour d'honneur. Jetzt

wär der Augenblick
für Ist wider Ist. Ich

gäb ihn Dir gern aus dem Flechtland
von Eibe, Eiche und Esche, sobald
das Gartentor nicht mehr ganz sicher
von sich auf den Schlusslaut
seiner Angeln schließt. Du
lehnst am Stand-Flügel, tastest
auf den Türgriff am Spiel-
Flügel die Melodie
aus Flutlicht, Glühwürmchen, Stern-
schnuppenspur, als gingen
Deine Finger nur Halbtonschritt. Deshalb
greift Deine andere Hand orchestrierend
über die Klinke, taucht
die Partitur unter Wasserliesch
Entenflott, Ölschliere, Zeitungspapier.
Beidhändig setzt Du
der zwischen den Doppel-Flügeln
gravierten Libelle den Schilfkranz auf
den Du schneiden wirst, während
in der umgewidmeten Orangerie
Kartenkünstler und Kostümverleiher
die Fäden ziehen. Wär

wer von uns im Wenn
an Duft und Geschmack
Mitte nehmenden Lichts
überm Küchengarten? Risse
bunt getriebenes Papier
windrecht, schöb es
auf die jungen Schösslinge
als Einfaltscheuche?

Der Teich, die Lache, die Pfütze
im Grün und Gold
fluoreszierender Fliegen
die, weiß die Verbeugung
vor der Verbiegung der Evolution
alternd, ädernd, einzelnd
Stachel und Stimme verlieren.
Tonflüchtig spreizt
sich das Tastenfeld in die Platine
für War, Gewesen, Mag-Sein
in Über- und Unterwerfung.

Wollen wir's fetzen
mit den goldenen Spitzen
oben am Tor?
Neben dem Zubringer taumelt
noch immer die gleiche CD
in Fahrtwind und Mittagslicht.
Hören wir uns an
wie sie unsern Ausflug
einblendet vor die
Auffahrt zur Autobahn?

Nachtrag, gefädet.
Kleiner Finger, Daumen
Daumen, kleiner Finger.
Wird der Schlüssel, den
Du nach Noten erfunden hast
als Nadel zu brauchen sein?

Loreley
ist vom Waschen/Legen weggelaufen.
Vor dem Salon
der Head-hunter
mit gespreizten Fingern

Selbst in die Erläuterung
der versenkten Stadt
läuten im stillen Vollzug
nach Komma Punkt Kofferwort
die Glocken der versunkenen Stadt
schlagen laut/leise schimmernde Blasen
aus dem Knirschen von Wasser und Wind
in den Head-sets.
Huyghens Tropfen in Harz.
Schuhwichse, Fettcrème, Pfefferminz
in herzlich bebilderten Dosen
für heimliche Liebhaber von
Kinderbuch, Wahlplakat
Lebensberatung, Gebrauchsanweisung.
Jeder Tag Tag
der offenen Tür
im Museum für Selbstschutz
von Höhlen- und Kastenvölkern
vor Höhlen- und Kastenvölkern.

Einen Hahn, der nur zweimal kräht
pro Gruppen-Umlauf sind
die Kustoden der Museumsnacht
noch schuldig.
Feiertags spielen sie

mit Huyghens Tropfen vom Shop
alle Zehne. Wo
neun fallen, läuten
die Glocken lauter.

Loreley
hat ihr Haar nie gekämmt
nur mit dem Schaum
von den Lippen Ertrinkender
nachlächelnd geglättet.

Unter den Straßenschildern
fasst eine neu vermessende Schrift
neuerdings Hoffnung.
Hausschwamm, Grünalge, Altöl
treffen sich am Goldenen Buch
überschreiben
unterschreiben.

Mein Mitspieler, mein
höchst- oder tiefst- also un-
persönlicher Spielfeldfälscher
vor neuen Partien.
Sein Reality-chip
mein Zeigefinger.
Im E-Mikroskop der Programm-Schein
einer und einer und einer
Reihe reinweißer Zähnchen
unter Karies.

Mein Spielgefährte
nimmt Urlaub.
Durchs Dachfenster sehe ich
seinem Kondensstreifen nach
Russ, Fichtennadeln
Katzentritte, schwarz-
rissige Rinnen
tauenden Schnees, Konsens
mit den Zopfgardinen
mit der aufgebundenen Klematis
mit der Aussicht auf See
mit Segel-Ausschlag
mit Berg-Panorama (bei Föhn).

Der Gegenspieler
meines Spielgefährders
dreht meine Kreditkarten um
wickelt sich die Datenstreifen

an den Stinkefinger, zeigt
auf das kleine weiße süße Tortenköpfchen
zwischen Lebens- und Schicksals-Linie
der über den Spieltisch
ausgestreckten Hand
auf die Höhle für den Halbvokal
am Schnittpunkt.

Am Riss
durch den alten Asphalt
hat sie in Schwarz
gestern waswen gesucht.
Heute wieder.
Von der Wand
hinter dem Riss
platzt der Putz
weiter ab.

Ich @ Ich
verabschieden oder verabreden uns
an der letzten oder der ersten
Postauto-Haltestelle. Ich
geht bergauf
nimmt Wolken-
und Hall-Gestalt an
mich verständigend mit
dem Klicken des Glimmers
im laufenden Band
dem Pfeifen der Murmeltiere
im verwürfelnden I-phone,
dem Schrei der Bergdohle
dem Kuss der Bergdrohne
lispelndem Zwiegespräch
der Zeiger im Messbereich
von Anemometer
wie Geigerzähler. Ich
geht hangquer
den Bannwald vorstellend, wie er
Stamm nach Stamm aufwächst, bis

Äxte und Sägen
Wind und Schnee
wirbeln worfeln; der
bleibt liegen und schmollt sich
ins eigene Grab, der
reckt sich, streckt sich, wird groß
für die Festrede bei
überstandenem Frühjahr.

Unter den Wurzeln
des bald auf den Riss
zu topfenden Oleanders
hat die Krähe
gestern gesucht.
Heute auch.
Morgen kein
gefundenes Fressen für Krähen
und Krähen-Beobachter

während ich
bei eingetrocknetem Espresso
Wettervorhersage höre:
das Lied aus dem Ton
der Mehr-Schluchten-Drähte
in so viele Schlüssel gesetzt
für so viel verschiedene Wege
für so viel verschiedene Schuhe
soviel verschiedener Fischer
nach so viel verschiedenem

wurde erfolgreich versendet.

Tote Erde
erzählt und erklärt
wie die Schönwetterwolke
nichts verbirgt, nichts vortäuscht
wie der Atemzug keinen Verdacht
gegen die Atemluft weckt
wie das Wasser nicht schliert
nichts erstickt, nichts verfärbt
wie der Reis keimt, als ob
nichts vor ihn gefallen wäre. So
reden die Toten
den Wurzeln gut zu
sagen, sie gingen
mit ihnen einig.

V-Wörter kugeln
kuscheln im Handbuch
kriechen zusammen
trichtern sich ein
kennen sich aus dem ff
werden nicht älter.

Bäume und Büsche
Blumen und Gras und was weiter
springen noch immer
eins das andere an
wie die Puffotter, wenn sie
satt ist und in Gefahr gerät
sich fortschnellt
und lacht.

An Dich II

Wir erinnern uns an nichts
Konkretes. Es war
schneller gewachsen als wir
und anderswohin. Es war
nicht zu begreifen, weil es
uns zwischen den Fingern durch ging
und an den Händen nichts blieb
als Abrieb. Vielleicht
wäre es anders gekommen
wenn Du
eine Hand für mich frei gehabt hättest
aber Du
hattest alle Hände voll zu tun
mit meinen.

Im Schnee von gestern, der immer
hinter uns liegt und immer
vor uns fällt, sind
jetzt Sätze gefroren. Morgen
taut er und reibt sie
sich aus der Haut.

Im Beinhaus unter dem Schnee
scharren wir mit weiß-
frierenden Fingern
nach Stichwort und Substantiv. Nach-
lese: Kerben, an Fraß-
spuren von Käfern
unter Rinde erinnernd.

Die Stadt ohne Tod.
Vorhang. Willkommen!

Am Markt, am Umladeplatz
für hüben und drüben
liegen die Bretter zur Welt
der Minen-, Themen- und Rieselfelder
Tapeten-, Panzer- und Flügeltüren
der 3Pol-Stecker, 3D-Impulse
hubstapelfreundlich
palettengerecht
auf Trennschärfe hortendem Bindestrich
im Edelgas-, Glüh- und Sparlampenlicht
unter Einsage-, Ausgabe-Buch.
Mit den Glasbausteinen
für Hallo- und Adieu-Sätze
schäkern zwischen Zwölf und Eins
Aug in Aug
mit der Sonne in der Zwei
wie sie Eins von Eins
spreitet, Harlekin, Colombine
die Hand am Kopf
des lachenden Basilisken.
Pierrot hört zu
und schreibt mit.

Juppiters Impresario
dynamisiert, rhythmisiert
Pinocchios vor- und zurück-

wachsende Nase am Sprossenabstand
der Himmelsleiter
auf der Richter-Skala. Schickt ihn
log-in, lüg-in
die auf- und ab-
steigende Engelreihe
dezimieren:
Seelen-Selen
für das Fassaden-Paar
des Eins-Zwei-Glücks, am Warenkorb
DNA-Spur jüngerer Drachen.

Du und Ich (wir
meiden, seit Und
uns ins gleiche
Holz schnitzt, gemeinsam
das Wir) hebeln
den Kloakendeckel weg.
Blanke Wände.
Saubere Steige.
Trockene Rinnen.
Du und Ich
hebeln den Deckel
zurück übers Wir.

Vorhang auf:
Die Stadt ohne Tod.
Bitte warten. Schenkt

Pinocchio Pierrot
ans konklave Gesprächs-Protokoll
eine Flaniermeile Himmels-Strich
in Schönwetter verdächtigem Gelb
ritzt sie ins Milch-Straßen-Bild, steckt
Danaes, Berenikes
Rollator-Slalom um Erdlicht
erntende Sterne
Parcours par force
durch den Strich-Himmel ab.

Unter so einem Himmel
fällt kein Ziegel vom Dach auf den Spatz
der vom Dach fällt
in Hände voll Tauben. Halbfalls
in Höhe des Raucherbalkons
in Höhe der Advokatur
zur Verpachtung der Welt am Kopf
wippender, kippelnder Bretter.
Spermien, pflastersterngelb
hat die Schnabelspitze
aus dem Straßenzug gepickt
legt sie nun aus, zurecht
für das Halsband der Taube.

Vorhang halt. Update. Bitte
schalten Sie die Stadt
nicht aus.

Saturns Zwillingstochter
lässt sich im Planeten-Kino
von der Platzanweiserin
mani- und pediküren.
Ptolemäisch. Du
nimmst ihr Lampe und Schere weg
schaltest den MRT
hinter der Leinwand ab
öffnest den Notausgang
zeigst ihrer Kundin für ihre Stilettos
den kopernikanischen Trampelpfad
durch die Biosphäre. Sie
schnipst zum Abschied
als Danaer-Dank
den ungraden Rest ihrer Rechnung
ins Amino-Säuren-Programm
und Pandora in vitro
auf den Nagelhautschieber.

Juppiter deponiert
drüben am Markt unterm Uhrenturm
die Bilanz des Geschäfts
mit den Brettern zur Welt, beschlagnahmt

nach Prometheus' ordnungswidrigem Verschwinden
sein Figuren-Kabinett. Nach Juppiters
ordnungsgemäßem Verschwinden
schenkt's sein Impresario
Pinocchio fürs Messer.

Pinocchio bessert
Prometheus' Design nach. Bis
die Klinge Futur annimmt, bis
das Gesicht dem Gesicht
Morgen-Gruß und –Verwünschung
nicht mehr beantwortet.
Schulter, Ellbogen
Handgelenk, Finger
schnippt die Prometheus-Mechanik
in das aufgesprayte Firmament
am Sonnensegel. Brandloch

die Zigarre
des Impresarios. Du
schüttelst die Asche ab
in die Gratiszeitungs-Kästen.
Stopfst das Sonnensegel. Setzt es neu.
Die Zigarre glüht auf. Die Stadt

ohne Tod
herunterfahren. Vorhang!

Spitzfedrig spitzwedlig
hämisch härmig
in Laufschrift und Käfiglauf
an Klippe, Seestern und Schnee
am zunehmend deutlichen Sandkorn
etwas für etwas
aus Etwas. Springt
klammerfüßig tastfingrig
vom Leierkasten, vom Laufwerk
über Kippe, Chewing-gum, Capuccino. Starrt
den Doppelkopf-Adler
auf dem Flachbildschirm an, schiebt
Christus am City-Kreuz
unter Ebbe und Bilderflut
Schichtaufnahme. Zu-spät-Schicht. Springt
die Sammelbüchse nach, klappert
für Dich und Ich
mit Anlaut-Münze
nach Anlaut-Münze, postet
in damalslos streuigem Jemals
Fundevogels
Facebook-Profil.

Kleine Hände. Küstendach
für Klippe, Seestern und Schnee
verstrickt, vernetzt, verletzt
in molekularkalten Gittern.
Zwischen Et und Was
splittert's. Im Round-Table-Zimmer
fliegt das Glas aus dem Beamer
in die ziehende, zerrende, blutfrisch

pulsende Rekonstruktion
kleiner Hände. Kenn-Linien, kapillar
lesen in den vor ihnen
mit gebrochenen Nägeln
gebrochenen vollen Vokalen
zu früh überdachte Negentropie
in Bildgrammatik.

Feuerdorn Feuerlilie Feuerbrand
als hinge unter der Gartenerde
durch Steine und Wasser eine
Wurzel etwas an etwas, als rette
die Compact-disc-Lade, das Schrankfach
etwas vor etwas, als mischten
hinter zur Nacht
kippschrägen Fenstern
Regen- und Reifengeräusch
Dieswas und Jenwas
zu Et, als wischte ein längst
ausgezogener Mieter mit längst
eingetrocknetem Feuchtpapier
Ameisenzüge vom Küchenherd
zur Gewinnung von Sal-

Deckel aufklappen. Wasist
in die Büchse schütten
schütteln, bis
es aussieht wie Istwas, bis
es sich aussäen ließe

als Keim für aus rechts-
drehendem it wild
blühendem Mäander. Ist
Erntezeit für
den langzahlig zärtlich
umarmenden Blitz
der endlich auf WarWird fällt. Bringt
den wiedergewonnenen, bald
wieder verlorenen Einstand
zur Papiermühle, schöpft ihn aus
macht das Erschöpfte plan und opak
trocknet's, glättet's, schneidet's
zu Ecken und Enden, hüpft
unbeschwert ungebunden
von etwas zu etwas nach etwas
über Zeigestock, Blindenstock
Grenzstein, Prellstein.

Lässt sich ein ins Flusstal
zwischen Et und Was
auf die Bogenbrücke
Blauwasser Grünwasser, sieht
vom Scheitelpunkt sich
überzeugende Regenbögen
ob der Lagune, der Wellen-Arena
berauscht und getäuscht
von grenzflüchtig schnitthungrig
blendender Wüste, den Schrecken
feuriger Luft
fehlender Finsternis.

Blockaden
Sakkaden
Kaskaden
wie tief
reichen die Fälle
von allem und jedem
in Etwas, sich groß
schreibend am Un-
unterschiednen?

Subjekt und Prädikat
schwören der Kopula
ewige Treue, bevor
sie die Falltür
unter ihr öffnen, um
gen einsam zu gehen
gen Etwasser in
hohler Hand für
holende Hände.

Messerzüge im Brot.
Schneidezahnspuren am Weinglas.
Und unter dem Teller? Etwa
ein Rabenflügel aus Niemalsland
weggeknickt als Sonnengeschenk
vom Jahr mit den dreizehn Monden?

Passhöhe. Altes Hospiz. Sanft
saniert, grund-
renoviert, der Dank
an die Stiftung in Bronze
über dem Türfirst. Links
hinter dem Heißluft-Vorhang
Teufels-Maske, Hakenpflug
Zwergenlaterne, Rechen und Tragtuch
Sichel, Springwurz, Alraune. Rechts
in immer gleich gleichendem Wachs
der schneetote Mönch aus dem Gletscherspalt
in den erhobenen Händen
das mirabile dictu auch hochsommertags
nicht gänzlich zu Wasser
werdende Eiskreuz
hinter Doppel-Verglasung.
Von der Decke ein Schwarm
grüßender Schwarzfell-Putten
Fledermaus-Flügel, Fuchs-Ohren, Wolfs-Schwanz
ein laut heraus lachender Höllensturz
zum Empfangs-Roboter
leuchtend lächelnd im aufgemalten Skelett
mit der Stimme des Nachrichtensprechers
die sagt: herzlich willkommen.
Winnetou und Deep Throat
warten im Pay-TV. Nutzen Sie
unsre Facilities, wir
nehmen uns gern Ihre Zeit
heute und heute und heute.

Wasserfall murmelt sich ein
durch Liftdraht und Schallschutz-Fenster
hat das Wort, hält es, bis
das Gehör sich ein bisschen
ins Gehörte versteigt und verliebt.

Im Breitwandbild über
Kaffee, Tee, Fruchtsaft
Joghurt, Fleischplatte, Cornflakes
machen die Bäche auf einen Blick kehrt
decken ihr Bett ab, laufen
sich auf und zuwider, spucken
Streusand, Rogen, Totholz
dem Projektor ins Auge
lassen die Landschafts-Architektur
urplötzlich Ursache spielen.
Während Tee und Kaffee
freundlich nachfragend
zwischen den Tischen gehen
stopfen die Widergänger
ihren Quellen den Mund
mit vier Sorten frisch haus-
backenem Brot. Heute
Mittag im Angebot:
Aufs Ufer, in Fels-
ritzen und –nischen
mit den reißenden Reusen
über Wiese und Feld
fliegende Fische
blau, à la meunière, mit
verschiedenen Saucen und Würz-

mischungen, Ihre
Beilage wählen Sie
bitte selbst.

Die Salon-Musik folgt
dem Aufruhr nur zögernd.
Sie hat Ursache.
Aber nicht gern.
Serigraphie über Club-
Sesseln, Aschen-
bechern und Erdnuss-Schalen
nimmt sie als Urmeter, etappiert
den Kammerton für den ersten Schnee
in spaltbare Farben, ins Organigramm
für Wächten, Grate, Kamine
für Schluchten und Anrisshänge
End- oder Grund-
Moränen, Verwehung
Vergehung Verrechnung.

Faltprospekt. Anlässe. Ganz
besonders empfehlenswert:
Wander-Ausstellung
Little Boy und Fat Man
Projekt Produktion Artefakt
Protokolle Beschlüsse
Briefe Bekenntnisse Fotos
Kommentare aus aller
nicht betroffenen Welt
im Kopfhörer Stimmen

Das Buch auf dem Nachttisch
büßt sein Gesicht
am Login zum Gesicht
das gefällt wie gefällt
und den Kopf verliert
aus dem Kirschkern-Kissen. Der ist
Auge um Argwohn
Zahn um Zahl
auf dem Weg zur Wellness-Beratung
während sein Schlüssel
sein Schloss lehrt
sich sperren.

Wenn das Festland erreicht ist
will ich die verschwimmende Zeit
mit den Ausgeburten ihrer Phantasie
in Wolkenkuckucksheim durchwringen, wo
die Whirl-pools schaumsprünglich hell
die Wellness-facilities fensterlos sind
wo man nicht hinkommt ohne

Freunde unter den Glasgeschwistern
künftig geplanter Verwandter, die
mieten mir aus den Mitteln
der verschwindenden Zeit
einen Vorruheraum
mit den Kuckucks-Kindern.

Der Fußboden, schwarz
von Reise-Verstecken
ist reich an Zäsur
zum Zuende-Erzählen.
Jeder noch aus-
stehende Schluss
treibt mit dem Meerwind
landein auf mich zu.
Meine gläsernern Freunde
stehen für Offenheit ein
jedenfalls solang ich
mich für die Miete verbürge.

Grosse Kiste rechts:
Skalpe von Männern.
Grosse Kiste links:
Skalpe von Frauen.
Kleine Kiste Mitte:
Skalpe von Kindern.
Außen und außen
Fässer für aus-
gestochene Augen.

***

Eingedöst. Straßenkarte
laurig im Schoss.
GPS weg, Du
bist schuld, Du
hast nicht abgeschlossen. Draußen
nieselt's, schauert's, der Schauer
sucht seinen Mittellaut
im ihn aufhellungsweise ein-
lösenden Regen, der Wald
rauscht ineins
mit der Klima-Anlage.
Kein Bild? Kein Signal? Trotz
battery pack? Dann
halt mal ein Dia
über das andere
aus der, Du weißt doch, gestern
geräumten Ein-Zimmer-Wohnung
vor die Windschutzscheibe ins Regenlicht. So
wird's ein MMS

ans Langzeit-Gedächtnis, während
die Wischer nach einem
verfänglicheren Symbol
für Einsicht fischen.

Ob das Spill zum die Därme
durch die Bauchhöhle Winden
geknarrt hat? Gekreischt? Schriller
als die mit jeder Umdrehung
lauteren Schreie, bis
die Schmerzschärfe reicht
die Stimmbänder durchzuschneiden?
Zitternd, erwartungsvoll
fächert die Schreibfeder.
Sag's. Red schon. Unten
im Foyer, vor
Souvenir-Shop und Kasse
zieht eine Hochzeit die Theke entlang
zum Apero nach dem Standesamt
in den Wintergarten.

Schlender-Splitt.
Kicken Dribbeln
Schliddern Stolpern.
Handhabe für
Wälle und Hohlwege
Spiel-Munition im Krieg
gegen Wegweiser, Bahnschranken, trocknendes Harz
Ge- und Verbotsschilder, Blumenköpfe
Fall-Obst und Fäll-Obst.
Wollen wir mit den leer

gebliebenen Dias
auf dem ausgeklappten Handschuhfach
ein Kartenhaus bauen, ein Vorbild
für die Erziehung zur Integration
von Findlingen?

Ueber den Dachfirst
übers im Luftzug
vom offenen Seitenfenster sich neu
mischende Blatt trifft ein spitz-
findiger Splitter
die fast reife Renette, wirft sie
vors Vorderrad. Eh sie
am Treffpunkt zu faulen anfängt, setz sie
auf die Spitze eines Mittelfingers.
Mach sie kreiseln. So
bei laufendem Motor Sequenz
aus der Erdumdrehung folgernd
haschen wir blicklings
nach der gespaltenen Haut
unter der wir uns sehn möchten, um
uns im Auge zu halten, bis
die Pupille sich beinahe schliesst
der Kreisel, erschöpft
vom Wiederholen der Erde
Sturz bei den Steinchen sucht.
Strassenlicht scheint
den Rhein auf dem Schluss-Dia hoch
fingert den Kunststoff-Himmel nach gast-
gebenden Sternbildern ab

tränt die Außenspiegel hinunter
auf Petunien, Geranien, quellt
jede Blüte auf, die
mehr als drei Silben verteidigt.

Kratzt, wer gern Treffpunkte wechselt
Fruchtfleisch und Kies aus dem Reifenprofil
fährt mit der Daumenkuppe
Buchten und Klippen entlang
reißt sich an Buchten
und Klippen die Haut auf
an Messing-Nadeln zum Nachweis
von Hexen- und Teufels-Malen

***

Schreck
streunt querbeet.
Am Gartentor winkt
der Schrecken ihn her, an die Bar
mit den Setzlingen, Sprösslingen, Zöglingen
schreckt ihn mit Erntedank ab
schickt ihn mit Einkaufsliste und Geldclip
ins Treibhaus für keimliche Sprachen. Er

***

verspielt sie an seine
knospende Vorsilbe, die
bricht auf, nein: ab, fliegt davon
mit den Schlender-Kieseln

dreht sich im Abschwung zum Ansprung, kommt
mit der Hochzeit zurück
während die schöne Braut
mit dem Chef de Service
über die Rechnung streitet. Du
gräbst Kartengeld
unter der Not-Apotheke vor
fächerst es auf
heftest die Joker
an die Frontscheibe neben
Vignette und Club-Plakette. Ich
vertiefe mich angesichts
gegen Polymer und Protein
gleich aufgebogener Blüten, angesichts
mit Quader und Findling Streit
suchendem Zeilenbruch
in die Narben des Schelmenromans
an Deinem Schlüsselanhänger.
Im roten Bereich
des glühende Zangen
und Spanische Stiefel
treibenden Drehzahlmessers
schnappen Schubladen, schnippen
taktfeste Bildgeschichten
auf den wunderswie munteren Pilgerweg
zu den Ursprüngen von Berührung.
Memory stick: Sich
kauernd fauchend
springend zwingend
überzeugende Tiere.
Das akkordierende Abkling-Becken

unter der Loge
füllen allmählich
Körper an Körper
klatschende Körper.
Ihr Wahrheitswert
folgt dem Daumen
jubilierend nach unten. Du

machst Tür-
und Zündschlüssel Beine
schickst sie im Schnellschritt
zu den suisse miniatures
auf dem Schlüssel-Anhänger.
Die lockere Schindel
über dem Türfirst schielt
vorfällig aus den Schuppen gerüttelt
nach Scharreisen, Fußabtritt, Prellstein
dem Konkave des Pendelverkehrs
im Krater der Radkappendelle.

Rasenrund. Zwischen den Knubben, wo früher
Boskett und Fontäne war, gehen
Spinnen mit Skarabäen
Göpel im Karussell
an den Fäden des schleissenden Schonbezugs
zum Aufzug vergilbter Rezepte
aus Schreibtisch- und Küchentischlade
fürs Klare der blinzelnden Farben
an Betttuch und Peace-Tuch
zwirnen, knoten, maschen

für die Konfrontation mit der Korruption
durch Schreibschutz und Löschtaste.
Cartesianische Brunnen
werfen Axone auf. Du
spulst sie ab, spleisst sie
nietest sie ein
in die Nuten am selbst-
schließenden Dach unsres Cabriolets
bis es nicht mehr zum Schluss kommt
kurz vor Kante an Kante
die Sicherung durchbrennt.

Unterm Giebel
des Schlüssel-Chalets
zwischen den Sparren
unter den Luken
die Wäscheleinen entlang
Kirchen-, Küchen-, Schulbänke. Du
wickelst die Leinen ab
wirfst sie im Rhythmus des Diebstahl-Alarms
an die Fata morgana jenseits
der Parkplatz-Umfriedung, an dämmrig
sanfte Oasen, Wach-
und Kontroll-Raum zum Rundblick
über Karten- und Blumen-
Streckbett- und Mitschrift-Quadrate.
Diesseits der Grenze, der Reifenspur, stein-
knochige Analogien
aus vulkanischen Meeren
und Schachtelhalmwäldern
Gestrüpp gekappter Metaphern, im Abgas

wispernde Inversion.
Flachwurzeln ordnen
sie schlangengleich neu
unter Kiesel und Oelspur. Jetzt
haben wir's durch die Bank
unter Dach und Fach:
Fahnengruß, Fanfarenstoss
Markt wie im Mittelalter
Spielleute Ritter
Mönche Notabeln
Bürger Bauern
stimmen Sie mit, die zeit-
echteste Tracht wird prämiert. Da

liegt ja unser GPS
unter den Päonien.
Schieben wir die sich vor-
drängenden Kaiserkronen
Richtung Kompost, brechen
das letzte Stück Rinne
über der Regentonne ab
und fangen an
mit Angeln und Hakeln.

***

Kisten, Fässer von Grund auf
gereinigt, poren-, faser-
fugentief desinfiziert: Wer
sich über sie beugt
um zu sehen, was

nur im Sehen zu sehn ist, spürt
Geschichte auf aus den Geschichten
der Hasch-Zigaretten-Stummel
des Aushilfs-Aufsehers
des sich wöchentlich neu
mischenden Dufts
von Parfum und Butylphenyl, hört
im sich Rätsel gebenden Echo
von Schlagspuren Kratzspuren Schabspuren
Anscheu und Abscheu
ab Bandschleife, registriert und notiert
wie die Eintragsfolge im Gästebuch
ihm durch die Sakkaden gleitet – wo

ist der Schrecken geblieben? Der
sitzt im Detail, macht's
dem Erschrecken bequem
und ordert
Details en gros.

An Dich III

Gingen uns unsere Jahre
je unter je andere Haut
läsen einander vor
schrieben einander nach
Fingerspitze
Fingerspitze.
Wo immer ich
Ich berührte
würde inzwischen Du
Ich
überlegt.

Vor den Fenstern zum Garten hatten
Goldregen, Phlox und Kastanie
die Umschrift beinahe fertig, da
gingen drüben am Pool
die Lichter an.

Auf dem roten Halbmond
Deines Cocktail-Glases
sitzt ein Schmetterling. Hält er
Deine Zigarette
für den Abendstern?

St Fargeau

Schluss-Modi.
Infinitesimaler
Sieg des Produkts
über die Herstellungs-Zeit.
Trial and Error
Schere im Kopf:
schwarze Rhomben
weiße Quadrate.

Anziehung. Abstoßung. Die
Wurzel aus minus Eins
schlägt zu Dornröschen-Hecke
mendelnden Küchenkräutern
Levkojen-Welle, forther
gestutztem Boskett aus.

Zahl. Mass. Gewicht. Bringt
das unter der Halbbogen-Treppe
vergrabene Spiel
von Sammlern, Klappen, Ventilen, mit
Nereiden, Delphinen, Tritonen
kommunizierenden Röhren
Etwas von Etwas auf Etwas, das nicht
irgend ist, kehrt
überzeigender Zeichen
Blattwerk, Wurzelwerk

in den wolkenlos klar
unterscheidenden Himmel?

Die Türen zur Halle
zwischen Terrasse und Ehrenhof
stehn offen.
Eine Schmeißfliege
hat sich verirrt
zieht Fluchtflug-Figuren.
Draußen schnappt sie die Schwalbe
drinnen fängt sie die Katze.

Schwarze Rhomben
weiße Quadrate.
Farbwechsel
Fallwechsel?

Sehr zu Bedauerndes
am Gartensitzplatz vorbei
Fragen
nicht an dich, nicht an mich, wir
heut‘ Abend zur Tagesschau.
Über den Deckel der Bier-Dose weg
dem Pick-up zur Hauptstrasse nach.
Kein Vortritt. Den
herunterbaumelnden Arm
zurück auf die Ladefläche.

Im Stiefelabdruck
im Vorgarten vom
Nachbarn von gestern
das Regenwasser
in Ruhe. Barbie
Röckchen und Löckchen
über der Früchteschale
halb aufgefalteter Zeitung
zerknautschter Serviette.
Etwas entfernt
dauernd und laut
jemandes Haustür.
Pudersteinglatt
die Schmeißfliege über
dem offenen Buch.
Unterm Sonnenschirm
auf der leeren Veranda
Mücken.
Sachte der Wind.
Sirenenton
in die Poinsettien.

Jemand in jemandes Reise-Journal
hat in den Trompe-l'oeil-Arkaden
der Kupferstich-Wörter Lachen gehört
wie wenn als ob
das Binnenlicht aus dem Bleiglanz fällt
bläulings verletzt
von Scherbe und Nadelspitze
klein und rein einfach und beinahe blind
wie neugeboren.

Die in georderten Träumen
überraschend figurarme Grabplatte steht
zwischen ihm und den in geordneten Wellen
an ihr vorher und vorhin
ornamentierenden Chiffren
zum Nahtoderhalt. Jemand
aus jemandes Sehnsucht
nach dem sich selbst
gleichen Beobachter seiner selbst
wiegt sie vor und zurück, prüft
den Freigang der Widerlager
an die nächst auf-
zuschlagende Seite.
Jemand in jemandes Ordner
abgezeichnetem Traum
komplimentiert den Figuren
pendelnden Schlangenkopf
in die Arkaden, während
aus Tabernakel und Oeil de boeuf
die Trommel schlägt als ob wie wenn
lauter plappernde Wellen im Pool
an Plantschring und Plastikente.

Wenn sie deutlich genug sind
an Messingschale und Kleingeld
der Mokka-Tasse, dem Stapel
selbstgebrannter CDs
zwischen den letzten zwei Pfeilern
wecken sie auf dem Vorplatz
Klopfpeitschen, Dildos, Stachelhalsbänder
splittrige E-book-Hüllen, erloschene Sticks
Schiffchen und Flieger
in Fraktur und Antiqua
Fidibusse aus Nachschrift-Papier
Traummöglicher Sleep-Cycles.

Auf den Stufen unter den Pfeilern
im Einband
des sich blätternden Tagebuchs
sucht, die ihm zu antworten sucht
Gehör, wenn das Lachen in den Arkaden
Atem holt.
Die Stichwörter wechseln den Fall
Die Stichwörter wechseln die Nadel.
Die sucht mit hungrig
zitternder Spitze
jemand in jemandes Reise-Journal.

Monokaeder.
Am Punkt
vor dem letztmöglichen Punkt
lösen sich Punkte ab
letztsinnig leichtsinnig
falten, fächern, fransen
schwärmen aus.
Polykaëder.
Dem Zeugen im Jagdleitbild
verschlägt es die Syntax. Sie
zieht mit dem Lidschattenstift
Messbänder, Schätzkreise ins
Deskalierende Licht
um Horus' Auge. Der Weg
von deiner zu meiner Tür
entwickelt Mitte. Wir
kennen einander zuerst und zuletzt
am Schnarren und Schlagen
pendelnder Türen.

Einhorn und Basilisk
Ratte und Hermelin
spielen über dem Exposé
einmal noch einmal
erstreckter Unteilbarkeit
Labyrinth, Minigolf
Formel Null, Kegel.
Mit dem lapis ex illis
um den lapis exilis.

Wer gewinnt, wandert
nach Ist, wo Ist
kaum mehr ist
das Felleisen punktgenau
auf den allrounden Schultern.
Auf den Scheinschlüssen hockt
der kleine Leguan, der wächst
und nicht groß wird
schnuppernd, knabbernd
an Äpfeln und Nüssen
Kollision und Fission.

Vier-Kräfte-Raum. Tag-
und-nacht-freies Meer.
In der am Grund zu spät
Mit Schwere punktenden Fläche
kann die Sonne im Schnitt
einander begleitender Linien
nicht aufgehn. Ein Universum
weiter um weiter
spuckt der kleine Leguan
seine Kerne.

Eineck zu Vieleck zu Eineck
in Ketten- und Virenfiguren.
Das gottverdammt vorläufig letzte
unteilbare Teilchen auf Kurve im Rouge
unter Re's Augenknochen.

Jemand, der Sonnenaufgänge
nicht liebt, lehnt
am Brückengeländer, schiebt
Gitterstäbe zu Buchstaben um
zum Verbot
für Sonnenaufgänge.

Das Entenpärchen
vom Teich im Osten
der für Sonne gesperrten Stadt
hat sich Flugverbot auferlegt
von Sonnenaufgang
zu Sonnenuntergang. Sehr
zum Bedauern der Entenjäger
über von Morgen zu Morgen
sich verlängernde Vorlust.

Jemand, der Brückengitter
vor lesedurstiges Licht schiebt
bläst den Schaum von der Latte Macchiato
so lange so langsam
als fänden die Flocken
im Silben-Sinkflug
das Sonnenboot
treidelt flussaufwärts.
Die Kinder der Sonne
werfen Frisbee
zwischen die Brückengitter.

Im Aufwind geflaggter Corona
ein Wolken quadrierender Fehlschmerz

Transmitting für größt- oder kleinst-
möglich gepulste Codierung
im Milchschaumschmier auf der Tischplatte wie
im Knickfalt der Morgenzeitung
wenn er den Grenzwert markiert
für Sonnenflecken. Die Kälte
zählt an den Fingern, misst
die ihr bleibende Zeit
am Weiß und Rot wechselnden Lotos
vor den dort wo die Sonne
sein oder nicht sein wird
frierenden Wolken.

Der Entenjäger
schießt übers Ziel hinaus.
Das Entenpärchen
trägt auf den Flügeln
einen leuchtenden Leichnam
in den Mundwinkeln zuckt's
Maden

Der Steinschneider schaltet
die Kopflampe ein
Stab Münze Kelch
mit der Pagen-Mechanik verschaltend.
Kartenkarree. Auf der offenen Seite:
Hathor, Ma'at, doppelte Feder. Der Narr
schiebt die Königin in den Gerichtskreis. Sie
und die Päpstin müssen
Thots Gehängten von Goldmaries
Apfelbaum schneiden, damit
es nicht war
war nicht wird
keinmal. Bald
werden wir Ich in Intaglio
am Herzfinger tragen.

Stechzirkel Trennscheibe
beulen schlitzen
das Pentagramm vor der Werkstatt
für das Schlussbild der Schmerzen
am Ausgang der Schmerzen. Die Schwerter
schlagen Bohrköpfe ab.
Silberdistel und Silbergras
stacheln
das Kaninchen im Uhrweg
zur Eile an über die Eile.
Patience
mit versilbertem Lorbeer
um Lücke und Durchschlupf
im Pentagramm.

Abschied-Ab-
nahme-Parcours.
Sog-Reflex
Troposphäre
Mesosphäre.
Streift Ich
uns vom Finger, wirft's
von Feder zu Feder
in von den Federn her auf-
kommende Dünung.

Am Surfbrett, zögernd verzögernd
das wippende Passwort zum Aufstieg
der Unterwasser-Grammatik. Die
mit der Wahrnehmung ihres Rechts
die Aussage nicht zu verweigern
Beauftragten gehen auf Kreuzfahrt.

Silberstrich
Silberband
Silberdraht.
Quecksilber
Zwecksilber
Necksilber.

Das Kaninchen muffelt
den Silbenstrich ab:
Carotte à la carte
tarotée.

Während der Steinschneider Ich
in geschliffene Asche fasst
Hathor die Doppelfeder
wie Strandweizendrusch
über Herz Karo Pik
und Menhire schleißt
sind alle beim Captain's Dinner
schon wieder mit Wir.

Absicht? Worauf? Den Brief
ohne Anschrift, den Klappspiegelritt
zu Zunder und Stahl, dem Herd
für das Feuer der Drei-Welt?
Auf Kolben, Kessel, Phiole?
Auf Klappspiegel-Scrolling, die Flaumfederspur
über den Glastisch, das Röhrchen-Bukett
im Burschenschafts-Becher?
Im Berber, kuschelnd
das Krokodil
ohne Augenlider.

Modal-Amplitude. Aus-
geschlachtete Zeit
der Tour d'horizon
vom Piktogramm bis zum Passwort
den Balz-Balletten
auf der schmissigen Kimm
Abenteuer verschleudernd als
Hände voll Korn
unter zu schließende Gräber.
Ginge es auf?
Schon möglich. Wofür?
Die Frage der Toten nach dem
der nach ihnen fragt.
Und der weiß die Antwort?
Was weiß ich was Ich weiß? Bin
ist nur der Sammler.

Siehst Du nicht, dass
wo Du hinsiehst, heute
Dein Tag ist und jede
Sicht auf den immerblau
lachenden Himmel, den Wald
ohne Käfer- und Wurmfraß, das Blatt
ohne Sommer und Winter besitz-
abgreifendes Fürwort?

Das Krokodil schlägt
den Raffzahn
in den Abreiß-Kalender.
Blutende Tauben
gefiederte Schlangen
papierflügelschlagend.

Ellipse. Hüfthoch, zwischen
den Brennpunkten: Kreis.
Ordinate vom Zentrum
in die weiße Sahara.
Bilanzprüfungsreise.
Abszisse: scheint's
Sonnenuhr.
Luminiertes Terrain
Quadrat zu Quadrat
Rhomben im Notrecht.
Sechseck im toten Winkel
von Viereck zu Viereck.
Diagonale schneiden sich
in der Parabel, im Scheitel
über Ellipse und Kreis.
Vom Schnittpunkt her schaukelt's
pythagoreisch.
Hypothenuse: im Winkel
Rücken nach unten: der Laptop.
Rücken nach oben: das Handbuch
im Gegen-Winkel.

Vor dem Spion der Vermittler
von Weltbildern, Glücksposten, Zahl-Patenschaften.
Die Zeugen Jehovas. Der Heizungs-Monteur.
Neue Nachbarn, die Halloween-Kids.
Das Licht brennt noch
im jetzt wieder leeren Flur.
Zwischen der äußern und innern
Haupteingangstür vor den Briefkästen wär
Platz und wär's warm genug
für Krippen- und/oder Verdeck-Spiel.

Scheiben ohne Vorhang
nehmen im Pendel-Verkehr
Scheiben ohne Vorhang
zum Vorhang.

Du, deren Schatten Mäander
ins Schattenschach spielt, während ich
von schollenverschiebenden
Umzügen träume
deckst den Intarsien-Tisch
rückst die zwölf Stühle.
Dir gehört
eine Muschel voll Staub
mir gehört eine.
Wartend, wünschend, dass jemand
den wir nicht gerne sehen
zu Besuch über Nächte kommt, fällt er
zu Tropfen an wie
noch kernfeste Kirschen, wie
altschokoladene Truffes
zuhinterst im Küchenbuffet, wie
eben noch sämige Zuckerperlen
wie Murmeln wie Schotter wie Schrot
wie klingelndes Glas
in stössiger Asche.

Nebel mit Nebel
wie Nebel sich wiegend. Wir
schnippen ihn nach der Decke
in Reißverschlussfolge zurück.
Wen von uns fängt er zuerst

mit den zweiten und weiteren Zähnen?
Wen lässt er im Anagramm
des keimfreien Kubus erklären
bis an Worten und Wänden
ursprünglich Staub
in der Meermuschel nachwächst?

Unter fettigem Topflappen
streifigem Handtuch
feuchtem Geschirrtuch: Die Seele
ist ein Hauch. Du
hältst ihren Atem an
bis er verspricht
nicht mehr zu stören.

Um den Abrieb in Samt und Velours
die Brüche im Art-Brut-Muster
der Sofakissen, die Flecken
im kretischen Tischtuch
steppt der Kaskaden-Reflex
vom Lichtsignal gegenüber.
Lies mit. Übersetze:

Der Gasherd
in den Kohlenherd gestemmt
(Ofenrohr
abgebrochen)
der Küchentisch blattvoran
(Brotlade
abgerissen)
in den Geschirrschrank gerammt

Tellerstapel drücken
gegen die Doppeltür
mit den aufgemalten
Spitzen-Gardinen
das Brotrösteblech
über dem Beine hoch
liegenden Korbstuhl
verbeult verbrannt verfärbt

Intramajuskuskulär

A
räkelt sich auf den Hüften
vom Linie liegenden B
krümmt den Rücken zum C, springt
mit geschlossenen Beinen
und beiden Füssen zugleich
aufs I, dreht
seinem Rücken den Rücken
D.

Was suchen O und O
von mikron nach mega
und wieder zurück
im Athleten-Archiv?
Die überschriebene Kür
die De-Chiffren an Kolon
Anführungs-, Ausrufe-Zeichen?

Der große Zehnt
der kleine Zehnt
Mainmorte
Taille

Y spreizt sich
ins X für die Tenne
wo Wie und Warum und Wohin
wo Dort und Deshalb und Darum
gedroschen, in Grundstriche Rundstriche

lang kurz, senkrecht waagrecht geworfelt
über Grade und Kreis
in Schlingpflanze Seestern
Python Bergkristall Krake
gestaut, in Starenschwarm
Schnee-Drift, Moos-Archipel
Flechten-Flucht, Späh-Rost
gewartet, gehortet werden.
H : K siehe M : N.
Reziprok. Die Spreu
stiebt überm Glasdach
der Ausstellungs-Räume für VANs
Landcruiser, Cabriolets
Sandschlitten, Ochsenkarren
Sichel-, Ernte-, Salonwagen. Rad-
Enthusiasten, Luft-
kissen-Fans, Magnet-
bahn-Betreiber spielen
um L und J
Kopf oder Fuß
Fuß oder Nabe
mit Körpern von Körpern.

Les hommes naissent
libres et égaux
en droits. Sûreté
résistance
propriété, liberté

Während die Bürger des Alphabets
namenstromauf ein Verb
an das andere treideln
als strömten Verbenen
Satzfelder aus
säen Pixel und Bit
einfach Bescheid
unter die Feder, die
sich hebt für den Punkt und wartet
dass er zu ihr kommt. Z

löst sie ab und ihn auf:
Gedankenstrich – Querstrich – Gedankenstrich
Bindestrich/Trennstrich

Du und Ich setzen
Uns Wir aufs Walmdach.
Der Hahn kräht
flügelschlagend
einmal einmal einmal.

Eulenspiegel schnabelrücks
rupft ihm die Schwanzfedern
Angang zu Abhang
Anlass zu Ablass.
Fähre Affaire
für eilige Undzeit
schlitzt sich am Wir den Kiel
kentert, kippt ab.
Eulenspiegel
die Hände voll Federn
auf dem bald nackten First.
Der Hahn scharrt
die Dachsparren frei
fliegende Ziegel, Buntpapier-Drachen
Phönix, Spiel-Kopter, Leuchtkäfer-Schwarm
abkommend
ankommend.

Heißen
Hahnenschrei liebt es.
Namen aus Namen
sul ponticello. Du
sagt er, als er das Sagen hat
nennt mich Ich, bevor
Du Es ins Haus gehen heißt

Türen, Teppiche, Treppen
anrühren stimmen versprechen.
Du verbessert Ich
um seine Wegschreibübung
um nach-
geborene, nach-
sterbende – –
Boje.
Pendelsymmetrisch.

Geh mir am Gartentor
vor der Hand von der Hand.
Über satzfeste Steine
Pflaster nach Muster
aus Hahnenfedern. Wir
fächert sie auf. Ich
zieht eine, Du
zieht eine. Wir
hält eine verdeckt.
Fürs Und.
Für Dachdecker.

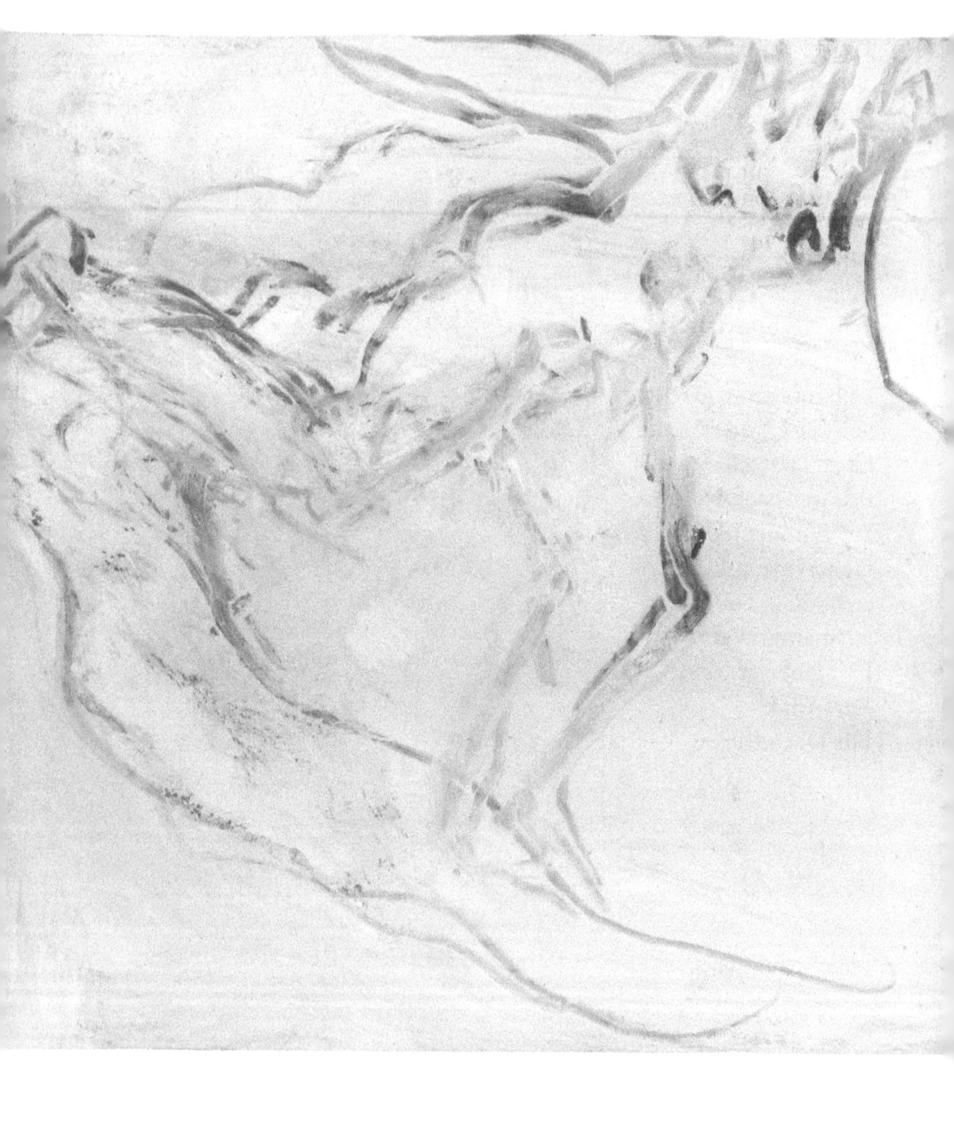

Mein Tod
in Designer-Jeans
Lederweste, Mokassins
legt Widerspruch ein
gegen sein Fürwort
während er sich in Thailand erholt
von der Krankheit zum Tode. Wird
seine Eingabe abgelehnt, will er
braungebrannt athletisch dynamisch
mein Bruder sein für und für. Bloß
beim Lächeln zeigt er
für meinen Geschmack
zuviel Knochen.

Die vier Löcher
für die vier Pfähle
der Strohhütte um zerlegne Matratzen
zerrissene Mäntel, zertretene Schuhe
leisten dicht
unter der Erdoberfläche
hinhaltenden Widerstand.
Strohmütig gleichmütig
surrendem Wind
morsen die Küchentücher
Rauschunterdrückung
Rauchunterdrückung.

Mein Tod und sein Ich
kämen in Windeseile
mit mir überein
kommunizierten sie nicht

am engsten per SMS, in
sollizitierender Vibration. Er
arbeitet jetzt an Apps
für Emoticons über Emblemen.
In- und Umschrift erwartet Ich
von der Feder im nickenden Tarbusch
auf der Stirn des Leitpferds
am schwarz panaschierten Gespann.

Hinter meinem Tod
geht einer im Schatten
den der Tod
wegwirft, wirft
mir jonglierend
Kurbelwellen, Zylinderköpfe
Zündkerzen, Zündspulen vor. Nach welcher
Veranlassung greift er
wenn er über mich weggreift
während die Sonne sich bräunt
Immergrüne den ersten Keim
durch Ganzzeiteis treiben?

Der Setzkasten mit dem Frühstücks-Geschirr
kippt, die Wand
kippt, der Hang
kippt, Pol-Verschiebung
Schollen-Verwerfung
die Grundwasseradern
zeigen erhöhten Puls.
Treibstücke paläologisch gebriefter
Moderne, gold-

oder lehm- oder strohgelb
ebnen im pochenden Wasser
Gemeinplätze. Mein Tod nimmt
was weder mein ist noch sein
und geht hin, wo
es sich den Tod holt
um ihn mir für uns anzubieten
in weißem Satin
gegen Unterschrift
und Nach-Porto.

Sein Tod sieht
mir die Augen aus, sieht
seine für meine an, sieht
meine durch seine.
In tausend Fenster
zersprungene Fenster
ein Prisma sieht
nach dem anderen
sagt er und zieht
den Strohhalm aus der Brasil.

Äolus' Kinder-KI
rechnet Odysseus die Segel
träumt Sternwind.

Äolus', Vaucansons
Kinder in Kniehose
Reifrock, Perücke
Charlière? Montgolfière.
Flugasche, Vogelkot, Flugsamen
transsubstantiell in Rauch
aufgehender Regen streicht
übers Notenblatt mit der Gavotte
transgenetischer Exploration, will
was sie nadelspitz vor hat
im Notenkopf formalisieren, sucht
mit dem Strich durch die Opernstimme
Schutz gegen die Eingeburt
erster, zweiter Natur. Endlich
sagt Monsieur le Marquis
der Regie führt, und schnäuzt sich
in Desdemonas Brusttuch.

Das Boskett vor dem Wall und dem Graben
der Märchenwald jenseits auf Hühnchen und Huhn
geschniegelter Buchsbaumhecke
weichgezeichnet zu Kein Betreff
wie Hände im Wasser
vom Wasser für Hände.

Streifenweise Bunt.
Streifweise Meliert.
Kassetten-Grün, zuvorkommend
Softice-, Rollerbrett-, BierCoke-
Kaskade zuvorkommend.
Das Halsband der Zwergrasse wird
alle Farben vertragen bis
über die Ränder der Ringstrasse
in Allmende, Vor- und Familien-Gärten
biodivers
on demand. Die
mit dem Cursor wedelnd, gehn
mit der Zeit im Satz
vom Vergehen der Zeit
mit dem Sonntags-Exempel
vom Aufguck der Erdfarben, wo
ihnen nichts abgeht als
das Äugeln der Rasenzwerge
nach ungespaltenem Licht.

Streifchen schlingend
Geruch ionisierter Luft
verkohlender Zigaretten
Steaks, Maiskolben, Cervelats
Vorgeschmack: Vitamine
Gummibärchen, Kau-Nikotin
Abendwünsche nach Zapping
in sarmatische Zeit. Die
sind mit Peter Pan auf dem Weg
unters Gerippe des Blauwals

des Flügel abwerfenden Drachen
auf die Scholle für Eisbär
Pinguin, Robbe, Polarfuchs
fürs Picknick der Freischicht Polarpfusch.
Den bildschirmschön heiteren Himmel
zu Boden blühende Bäume.
Schauwege. Jagdwege. Fluchtwege.
Die Halme. Die Rispen.
Die Fliegen. Die letzten?

Müngstener Brücke. Höllensturz
der Verrammten zurück
in die Kalkulation, in 3-D-Druck.
Anhang: der Koeffizient
von Menge, Dichte, Kostpreis
für Werkstoff und Arbeit.
Link im Attachment:
Dritte Natur
gleich erste Natur
minus zweite Natur.
(Eilig. Wahrscheinlich
von stürzender Hand.)

»Ihr seid«, sagt die Schlange, »hier falsch
ein Irrtum, verständlich, bei damals
schon exponentiell
fliehenden Galaxien. Macht
dass ihr fortkommt. Der Engel
am Tor nach der Schleuse
aus Star Trek, ihr wisst ja, der
mit der Fernbedienung
klickt euch das Weitere.« Etwa
Hufeisen, Quigong, Yoga, Yang-Yin
Tiere, Pflanzen und Mineralien
aus indianischem Horoskop
Amulette, Kornkreise, keltische Schrift
das allseitig passende Passwort
für Head-set und Touch-screen.

Passbild: Schwester Alwine.
Diakonissin. Ständige Dienstpflicht.
Urlaub: Alle drei Jahre
einmal zwei Wochen.
Alle zehn Jahre
ein Dankbrief mit Briefkopf
(schwerer weißes Papier als sonst)
Anstecknadel. Gruppen-Erinnerungs-Bild
vor der Müngstener Brücke.

An Dich IV

Wieso
hast Du Augen mit Namen
die mein Zeichenbuch
nicht deuten kann
nicht auf Dich, nicht auf mich?
Woher
hat Dein Haar
keine?
Weshalb
bist Du noch hier?
Hat es Sinn, mit Dir
bis ans Ende zu gehn
das ihn macht?

Eh ich's vergesse: Wem
gehört nun die Zeit
die wir einander
verbracht haben?
Allem noch einmal
oder der flimmernden Luft
über der Kerze?

Evêque inconnu

In der Augenhöhle
Aug in Auge
mit Holzwurm und Blinkspur
des ersten Verlöschenden Sterns
Barbelo. Die Zahn-
stange des schließlosen Wehrs
sticht nach der Sonnenuhr.

Immer höher die Dächer.
Immer breiter die Strassen.
Auf Höhe und Breite
Fever-night, Flash-mob, Open-air
für Bekennende aller Art
mit Blick
auf gerahmte Verbote.

Kuschelbären im Rüschenkleid
reißen Maria im Schmucksteinhag
Ketten, Ringe, die Kleider ab
tanzen, Fetzen schwenkend, Polonaise
auf den schmutzigen Fliesen
aus dem Tempel der Diana
durch Kirchenbänke
ums Drehgestell
(Ansichtskarte, Faltblatt
Kasse, Mess-Kalender)
auf den angestauten Sonnenstrahl
draußen vor der Tür. Barbelo

stößt ihrem Stellvertreter
das zweite Auge aus, sieht
ihm zu und ihm nach
wie's mithüpft und schlief-schlüpft
dem Kleinsten ein Loch
in die Spänebrust brennt
um mit ihm fortzugehn
zurück ins Legal.

Durchlichtig selbstrichtig
weitet sich gleich-
sichtig von sich zu sich, färbt
Dächer und Strassen mit dem Kick-bang
auf Dächern und Strassen.
Ein häufig verschenkter Gott. Er
lässt fragen.

Sein Medien-Beauftragter fährt
mit dem feuchten Finger die Risse
im Holzmantel ab. Er
versteht, wenn er liest, was es heißt
mit den Reißwölfen heulen.

Wo die Strasse im S liegt
steinerne Schlange, steinernes Flussknie
stein   Halt
den Mund, sagt die Strasse
damals, als sie noch jeden Tag
meiner Ansicht von Nachhauseweg
Vorsatz leistet. Kopf-
stein-Idiom, unterbricht
der Betonmischer drüben am Werkhof. Ohne
Belag und Belang.

Die fehlende Kopula setzt
an Stelle von Mutterboden
Windräder, Schnarren
Tretroller, Luftballons ein
Winnetous Erben, Papier-Bastel-Sets. Was
werden sie werden wollen
wenn sie groß sind und eigene
Sätze bekommen? Klein.

Was die Strasse noch sagen will, steckt
in den Brief- oder Sicherungs-Kästen
unter der Fußmatte
unter dem Blumentopf
hinter den Namen
die ohne hin sind
an den Klingelbrettern. Wo

werde ich wohnen?
Immer bei mir, sagt die Strasse
im   Halt
den Mund, sag ich.

Glücksdrachen hüpfen vor meinen Schuhn
über sie stäupende Straße.
Was werden die Reime mit ihnen tun
wenn ich sie fliegen lasse?

Was werden die Glückskinder mit ihnen tun?
Blasenspiel? Ikonostase?
Glücksspieler prellen in Flügelschuhn
ihre sich sträubende Straße.

Wurststrauß, Vergissmeinnicht
Straßenschild, Ich
fänden gerne am runden Tisch
Treffpunkte Tragpunkte Trugpunkte
im Brücken-Kriterium.

Der Obsidian-Falter sucht
nach der Negentropie. Macht
seinen Heirats-Antrag
während sie
flügelnd flüchtet.

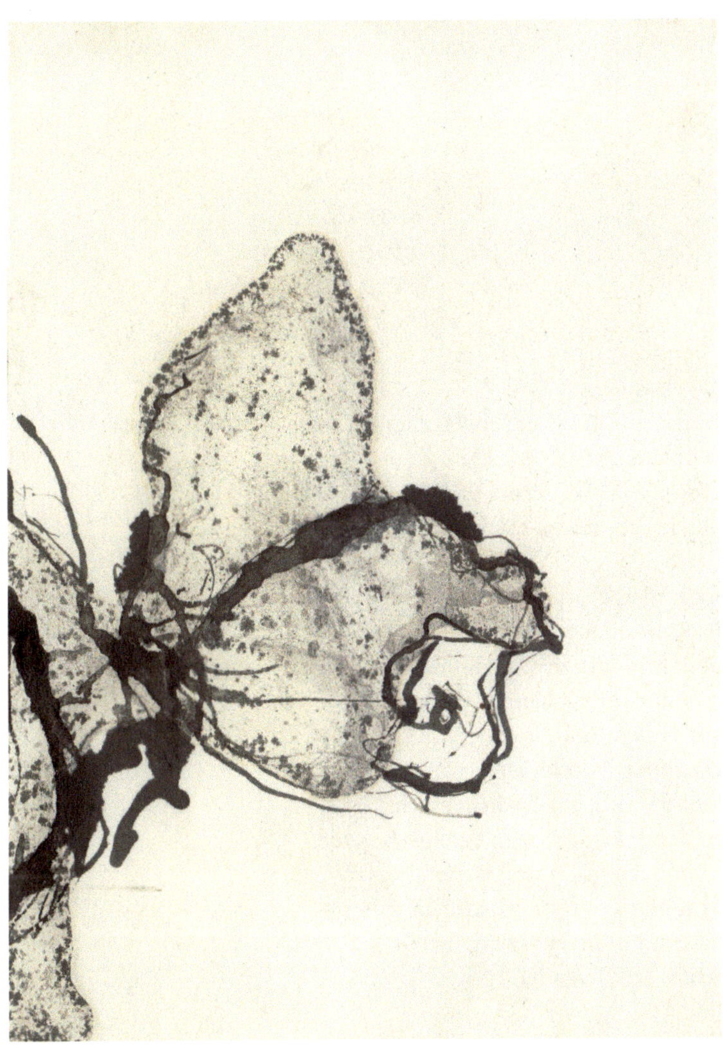

Mainächte
Märznächte
flüchtig-erz-tüchtig
fusslig-ehr-pusslig
Un-bis-schied
Un-ter-schied
Fischtreppe Verstreppe
bauchrutschend reimrutschend
erden irden wird

was aus dem Mond
wenn er voll bis er schwarz wird?
Ursprung Erschöpfung?
Oder bloß Wiedergeburt?
Guck, ich mache mich neu?

Einander klistierende Edelgase
osmotisch gemächlich im Dialog
über aus Wurzel aus minus Unendlich
in algorithmischen Hüftschwung
auf Haken und Spitze
getriebne Missionen
intergalaktisch. Transnanisch.
In den Vitrinen im Eingangs-Bereich
schmücken Bei- und Beziehungs-Wörter
Trauben aus römischem Glas
nadelalt glänzender Bernstein
Asche in Wehen.

So
geht diese Nacht
klar.

Die Schlusslichter meines
Freund-Feindes vor mir
finden sie heller als andere
anders plädierende, weil
sie biegen die Stäbchen im Kühlergrill
zum Lotsen-Idiom.

Herzkirsche. Treibendes Schiff.
Schiffshebewerk. Herz am Stiel.

In die Wischblätter pflanzt
sich sezierender Regen
Aorten-Kupplungen ein.

Von den Vieilles Vignes
unter die grasklammen Schatten
gefällter Kastanie, gefühlter Magnolie
treiben die Leoparden den Luchs
an der Kamera-Falle vorbei
damit sie erblindet, während
sie aufspringt, Köder kotzt.
Sustainable Vegetables
schwingen den Thyrsos, den Pyros.
Aus den Rundsicht-Büros
den Sushis und Starbucks
drängen Mänaden zum Wettbewerb
um den hipsten Entwurf
für Handy- und/oder Surfbrett-Hüllen
Schönheits-Masken, Tattoos.

Meine rechte Hand liegt
Deine linke fast schon berührend
auf der Konsole mit Becher-Halter
Temperatur- und Programm-Wahl.

Dieser Tage Brüste. Ihr Jahr
intestinal. Transozeanisch.

Das Steuer fasst mit dem Tempomat
einer Seele ans Herz.
Deiner? Meiner? Des Neumonds?

An einem Tag der wie Schnee
aus heiterem Himmel fällt
und das Grün der Gefangenen-Wagen
Leuchtkettenbäume, Kreisel-Rabatten
in die Rubbel-Fläche plantiert
der Linsen zum Glänzen bringt
wie Augen bei Luchs oder Fuchs
oder Eule mit Weile

an so einem heute einem so an-
deren einem so einem wie gestern
einem so anders
garaus und garein

am Festtag zum Stichtag des Visa-Bescheids
an Schnapp-Schildkröte, Wohlfühl-Muräne
am Starttag von multiplizierendem Schlamm
für 3D-Kopierer
springt
die CD-Schublade
ohne Fingernachdruck auf
das gefrorene Echo taut
und geht mit shoppen.

Die Rasierklinge streift
den Rasierschaum ab
streifig, ein bisschen Blut
das Wasser vom Hahn streift
den Schaumstreifen ab. So
liegt die den Halter
streichelnde Hand, so
führt sie die Klinge.

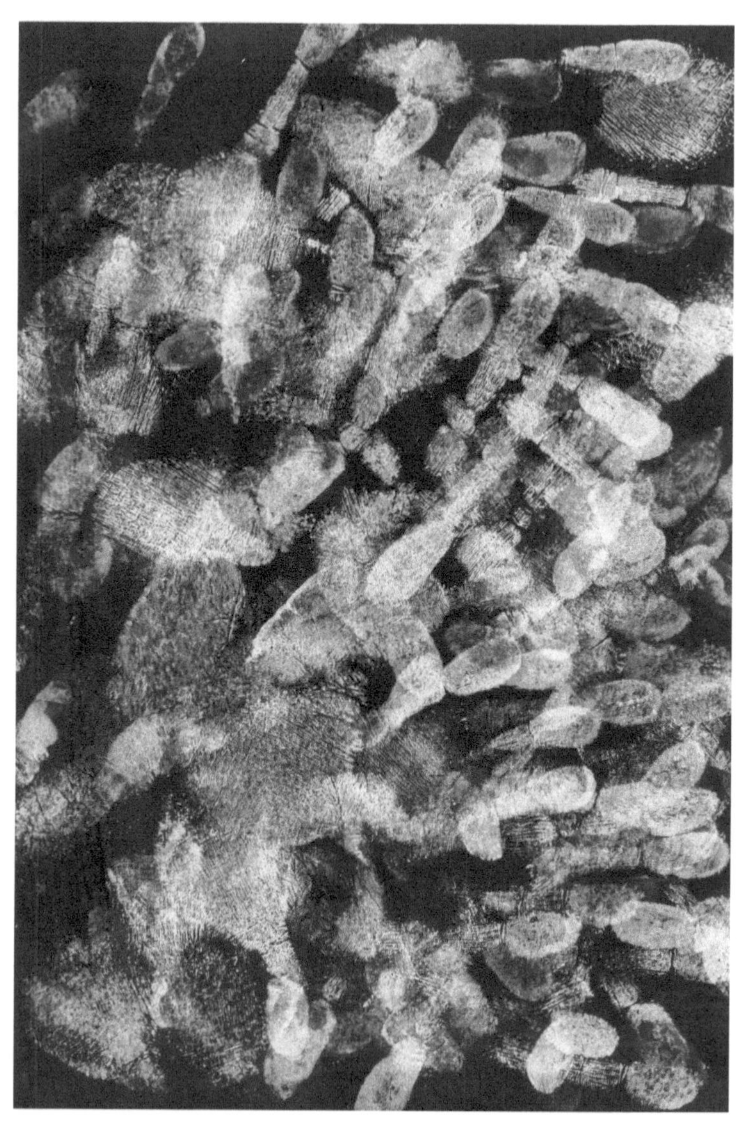

Die Tunnelwand streift
der Sonne die Strahlen ab. Wer
strahlt auf dem Wickelpapier
für die Wodka-Flasche
die Erdnussbutter an? Das
Streifenhörnchen, kichern
die kontaminierten Wände.

Ja? Weiter? Bitte
erzähl den Tag, der von Tagen erzählt
die Harsch oder Glast oder scheißegal sind

heavy healthy happy
stars at stripes

ein anglo-japanisches Center-Zelt
mit mäandernden Memen, wahlfrei
klingelnder Software.
Wen, wenn nicht sein Avatar
wollen wir über den nächsten Slam
vor dem Aufstehn entscheiden lassen?

Der neue Name
an der Tür
hinter der war, was war, ist
ganz der Deine. Eine
Hand schreibt
die andere. Welche
reibt den Drehspiegel plan
welche
den Spion?

An Dich V

Alles nicht wahr, nicht wahr?
Was sich anfühlt, als sprächen wir
uns ohne Von
(oder wenn mit, nur
in Sahara-Bedeutung). Davon
(Du meinst das ernst)
soll ich nichts wissen.

Unsere Brückenkriterien sind
in Deine Begriffe geraten
auf den Arbeitstisch Deiner
cuisine mutine
wo die Zeichen für Zucker und Salz
Zeichen für andere Zeichen
werden und werden, die Zungenspitze
sich warten und warten heißt.

Aus den Streuköpfen für
Basilikum, Rosmarin, Thymian
kriecht Affizienz
wie die Quappe eines Tropen-Fischs
ins Kalte Meer. Leselampe
aus. Notebook
an. Im Speicher
weht jetzt ein frischer Wind, mischt
das Kartenhaus auf zum Wahrsage-Zelt
aus hämischer Spitze, ruch-
seidenen Bahnen, wer

von uns rät den Code
der den Faltvorhang hochfährt?

Hörstück: Die
im Innenohr wohnen
zerren an der Tür
zum Gehörgang
wollen raus, in der Muschel
Event-Urlaub machen oder
ihr Generationen-Haus bauen
Hearings sammeln fürs Volontariat
in der gated city in Außerohr

Wo der Holzweg sein Ende
beim Angang nimmt, wo
er sein polygonal
fintierendes Wo
im Kreis um die nicht mehr ganz frisch
gefällten geschälten –
kein Anschluss
mit diesem regenverbissen
uninspirierten Lokalnetz.
Face-to-face-Verlust knospt
Schösslinge in die Lücken
zwischen Stämmen und Stapeln. Klug
moderiert modelliertes
mint-gum fürs Auge
green-bugs?

Späne, Motoröl, Spuren
von schwerem Gerät
in der Fahrrille Kippen
Trinkbecher, eine
zerschnittene SIM-Karte, eine
vergessene Säge. Nachts
wenn die Nymphen den Trauerkreis
um ihr Ohnedach schließen, wiegt
sie die Chorführerin, als wär sie
eine verlorene Lyra.
unter den übermenschhoch
entasteten übrigen Bäumen
in der Atempause
zwischen den Schienenstößen, dem Schluckauf
automatischer Schaltgetriebe

nimmt sie Verse in acht, die Verse
nicht wahrhaben können.

Wollen wir Anstalt machen
zum Wohin aus dem Wo?
Du oder Ich folgt
Dir oder Mir erst, wenn
der aufgebogene Zweig
wieder zurückspringt. Er
muss nichts bedeuten
für Ja oder Nein. Er
zeigt, wie die Fluchten verlaufen. Wir
werden zusehen müssen, ob anderswo
eine Lichtfalle anspringt.

Unterm Pilzdach, unter
verwesungsfröhlichem Laub
Made, Hirschkäfer, Regenwurm
in geschäftiger Häme
um Fuchs, Marder, Dachs.
Ameisen schleppen
den Schlüsselanhänger, die Knopfbatterie
ihre Strasse lang, während
Schnecken Löcher
ins Pilzdach fressen. – Beeil Dich.

Der Park für natürlich
genutzte Natur schließt
in 15 Minuten.
Kommst Du noch mit
ins Café écologique?
In die Hobbit-Stube?

In der vor mir zur Mitwelt
gekommenen Lese-Lücke
zwischen den Eltern-Steinen
sammelt das Kläricht Haar-
strähnen, Bartstoppeln, Finger-
und Fußnägel. Zähne
ins Fischersteig-Muster. Der
auf der Bank-Bank
unter der großen Ulme
zählt, schätzt, sortiert
im fadenrissigen Mantel
in schmutzigem Pfeffer und Salz
den schäbigen Wollschal
bis unter die Knie
überm T-Shirt aus Bio-Baumwolle
und Armani-Jeans.
Ab und an ein Kontrollblick
auf das neueste Smartphone. Er

führt sein Geschäft auf zwei Leben
mit meiner Zeit
meinem Risiko, trägt's
als trügt er's mir jeden Tag vor
auf Vorschuss.
Seine Gläubiger bauen auf mich
dankbar für seine Kalkulation
mit meinen Optionen.

Alle vier Kerzen
am Adventskranz statt der Esse
in der Pilzbucht brennen

gradlinig diarsenal
zum Silo am Flachwurzelkai
für Seifenflocken, Rasierschaum, matt-
goldne Tropfen aus Dusch-Gel
Hand- oder Fuß- oder Scrub-Crème
schnittige Zahnseide, alters-
osmotisches Mundwasser. Im – next –
einsichts- und einstiegs-
sichren Annex: leere
Ampullen, leere
Pappschachteln. Beipack
wedelt die Dielen, wartet
auf Tritt und Riss. Einweg
streunt blank
durch die grauen Regale.
Auf dem Versandtisch – next –
offene Briefe, Sterntaler, Chips
mit Bitcoins, Berlocken, CDs und DVDs.
Messingovale für Uhrwerk
Weltmodell, Ohrclip, Vorhang
steigen, fallen in doppelt vor-
silbiger Stosskraft. Im – first –
wärme- und luft-
dichten Treibhaus:
Tannzapfen, ausgekernt, müd
strähnige Löwenzahn-Samen, taube
Eicheln, Bucheckern, dürr
Ginster-, Wacholderbüsche, kleine
Flügel zum Fächeln und Fachen, gleich
knistert's raucht's riecht's
nach baldmöglichem Feuer. Im

Jachthafen: weiße
Schiffe aus Zeitung
und Tagebuch. – Schmelzen
den malerisch störrischen Wind
fließend zum Fensterfritz um. Er
Kerzen setzend ersetzend
Abfall von Zufall trennend, will
Personalien als Ätzstift
fürs Ab- und Heruntergravieren der Künste
über dem Zierteich, der Präposition
Aster und Chrysantheme: eines

kreatürlichen vor dem natürlichen
plötzlich und schmerzhaft und längst
gewünscht und erwartet
vom Trend zu vor-
gezogener Auferstehung
wie wir sie mit dem Zeilenfall
vergessend bewerkstelligen, wie wir
vergessen werden in künftig an-
stehenden Zeilen, wie wir
im Namen mittender Trauer
das Vergessen vergessen

am Fallwehr: Logo
des Herstellers, Telefon, e-mail.

Alexander Honold

Himmelsleitern, längsgeklappt. Zum neuen Gedichtband von Wolfram Malte Fues

Wolfram Malte Fues ist als Lyriker und Literaturwissenschaftler ein zu erfahrener Handwerker der Sprache und ein zu versierter Analytiker ihrer Hervorbringungen, um nicht sehr genau die Versuchungen und Fallen zu kennen, die bei dem wiederholten Wechsel zwischen poetischer und akademischer Zunft sich auftun. Wer so genau zu beobachten vermag, wo und wie der sprachlichen Form tagtäglich Gewalt angetan wird oder Missachtung widerfährt, und wessen Gedächtnisschatz andererseits so voll ist von den gekelterten, unerreichbaren Meisterstücken der präzise geronnenen Form – müsste ein solcher nicht vielmehr die Lösung Wittgensteins wählen, und das hieße: die Eleganz (immerhin) des Schweigen? Ist nicht die Sache der Dichtung im elektronischen Datenstrom in ähnlicher Weise (wieder) prekär geworden, wie es in Zeiten akademischer Planwirtschaft und verordneter Drittmittel-Erfolge die Schule des kritischen, unabhängigen Denkens genannt werden muss? Ist Lyrik heute, bei aller zur Verfügung stehenden Vielfalt an Registern der Tradition, des Experiments, des Fraternisierens mit Alltäglichkeiten, nicht ein untherapierbar rückständiges, im medialen Aufmerksamkeitskonkurs rettungslos unterlegenes Geschäft geworden? Natürlich gibt es sie noch, die sorgsamen, bilderstolzen Chronisten des Jahreslaufs und der Naturzeichen; die alerten Virtuosen der fast klassischen Form; die Freunde der spielerischen Annäherung an die Alltagssprache. Keine Namen jetzt, das wäre unfair. Hingegen dies: *SkalpeSalpelle,* die neuen Arbeiten des Lyrikers und Sprachbeobachters Fues, setzen dort an, wo das Organ des Kopfes und die Schärfe des sprachlichen Instrumentes ihre denkbar verletzlichste Verbindung eingehen. Sie betreiben das Geschäft der Wörtlichkeit, indem sie dem prosaischen Geradeaus-Gang der Sprache sanfte Biegungen und abrupte Richtungswechsel zufügen, in denen man die Taten des Verses erkennen kann, ohne dass die lyrische Rede deshalb auf argumentative Konsekution Verzicht übte. Man sieht, anders gesagt, hier mit Freude noch das Metier jenes Änderungsschneiders am Werk, »dem Du / Modell und im Licht stehen wirst«. Zwar zeigen dem Kennerblick sich hie und da kunstvoll gesetzte »Aufnäher« und »Abnähte«, aber längst muss nicht alle Kniffe durchschaut und identifiziert haben, wer in diese Gewänder hineinschlüpfen will.

Die Gedichte von Wolfram Malte Fues bewegen sich auf einem poetologischen Kenntnisstand, der sowohl die Empfindlichkeitsgewinne der Neuen Subjektivität wie die Versuchsreihen der Sprachartistik für sich zu nutzen vermag, ohne sich an die Fersen ihrer Manierismen heften zu müssen. Vom neoklassischen Bildungsstolz aber des Spiels mit überständigen Formzwängen halten sie erkennbaren Abstand, ebenso von der Koketterie mit popkulturellen Einsprengseln, die den Duktus der lyrischen Sprache angeblich so schön ›grooven‹ lassen. Nein, es sind diese Gedichte schon und durchaus gelehrte Gebilde, die mit Verstand und mit wacher Assoziationsfreude gelesen zu werden verdienen. Gebilde vor allem, die aus und an der Verdichtung erwachsen sind, der inneren Verflechtung und Komprimierung.

Zur Prägnanz finden sie durch eine Selbstbezüglichkeit, die dem Tastsinn der Sprache selber folgt, also auch deren materielles Gewicht zur Geltung bringt. So könnte man zunächst und annäherungsweise konstatieren, dass Fues' Gedichte die

Aufmerksamkeit auf die Eigenkörperlichkeit der Sprache lenken und damit kunstvoll auf ihr artefaktisches Gemachtsein verweisen, auf das Poetische im Wortsinne. *Intramajuskulär* (eine der selten gesetzten Gedichtüberschriften; ein Programm?) rückt den frei geborenen Bürgern des Alphabets mit Verve und Tanzmeister-Gesten zu Leibe: »A / räkelt sich auf den Hüften / vom Linie liegenden B / krümmt den Rücken zum C, springt« – wohin auch immer, jedenfalls leichtfüßig über die Zeilenklippe hinweg. Doch wäre diese Form der Selbstreferenz für sich genommen eine bloß gut gekonnte und klug gemeinte Kunstübung, hätte sie nicht darüber hinaus noch Entscheidendes über die Wirklichkeit selbst zu sagen und an ihr zu zeigen. Zunächst und vor allem dies, wie schwer eine solche Rousseausche Unabhängigkeitserklärung der *république des lettres* wirklich zu denken und zu artikulieren sei.

Diese Gedichte machen Ernst mit ihrem Spiel, indem sie aus der ihnen eigenen Welthaltigkeit leben. Existentiell ist nicht allein jener Schockmoment, in dem »Mein Tod« die Bühne betritt (und die Rolle verweigert), sondern auch die mehrmalige Adressierung an ein partnerschaftliches Du, mit dem das Ich (keine lyrische persona im konventionellen Sinne) erst zu seiner Stimme findet. Eine bemerkenswert responsive Haltung, ein Tasten nach Widerhall, nach Gegenrede, nach Antwort, ist dem Gestus dieser Notate eigen. Man mache mit ihnen den Resonanz-Test: da ist kaum eines, das im Leser, in der Leserin nicht eigene Beobachtungen, eigene Gedanken oder Wünsche zum Mitklingen bringt.

SkalpeSalpelle wäre nicht denkbar ohne den kritischen Verstand, der die poetische Arbeit begleitet. Im Miteinander von schreibender Praxis und lesender Theorie scheinen Fallstricke unvermeidlich; doch kann es zu ungeahnten Abenteuern führen, sich gelegentlich in ihnen fangen zu lassen. Was Fues in einem seiner jüngeren Essays im Medium der theoretischen Reflexion entwickelt, ist das Projekt einer poetischen Unabhängigkeitserklärung, die sich die Domäne des Sprachlichen nicht von den Strategen der Kommunikations- und Werbebranche entwinden lässt. Den fortlaufenden Betrieb aufzuhalten, Einreden zu formulieren, wird, so nicht alle der Fallstricke reißen, dann gerade zum ureigenen Geschäft der Poesie. Nicht von ungefähr erinnert der Literaturwissenschaftler im Dichter daran, wie sich Gedichte im Koordinatenkreuz der Raum- und Zeitordnung lang und breit machen. Anknüpfend an Baudelaire skizziert Fues das poetische Gebilde als ein Artefakt, das seine Artikulationsdimensionen sowohl im temporalen Fortgang wie in der Vertikale der eigenen Gestaltgewinnung ausformt. Es gleicht damit einer Leiter, auf der sowohl der steigende wie auch der waagerechte Sprossengang geübt sein will.

Der bleibende Referenzpunkt ist jene Revolution, die Julia Kristeva einst der poetischen Sprache als solcher angedeihen lassen wollte, die subversive Freilegung der Sprachkörperlichkeit, die aus dem Kurzschluß zwischen symbolischer und semiotischer Funktion, und damit aus der Störung der etablierten Ordnung der Zeichen als solcher, hervorgeht. Wo die symbolische Fracht der sprachlichen Zeichen ihrem Gebrauch noch anhaftet als vielleicht ungewolltes, aber bejahtes Residuum an Erdenschwere und Leiblichkeit, da kann auch der lyrische Ausdruck nicht umhin, seinen Doppelsinnigkeiten und Hypotheken die Stirn zu bieten; ihnen entgegenzutreten, statt nur weiterhin ihr stummes Mitlaufen zu dulden.

»Blockaden / Sakkaden / Kaskaden« – im Rechtschreibetest würden diese falschen Freunde jeden Legastheniker in die Knie zwingen. Von poetischer Warte aus betrachtet, spricht hier das Prinzip, in dessen Namen der homo ludens zuweilen die Kommandozentrale übernimmt; fortspringen, festfahren, umfallen bis zum ultimativen Aufprall des Sprachkörpers auf seiner schmerzhaft hart ausgestopften Unterlage. Manche dieser Kunststücke haben wirklich etwas von Leibesübungen an sich. Fues' Gedichte wissen um den Umstand, dass sprachliche Zeichen einen Körper haben, dass man die vermeintlich abstrakte Sphäre verbaler Verständigung an jedem Punkt unterbrechen und ihre Vehikel dann, mit verwundert tastenden Fingerspitzen, anfassen kann. Eine der herrlichen Aporien des Sprechens ist dieses Sich-nicht-Entscheiden-Können zwischen figürlichem und übertragenem Sinn, zwischen dem Wort als Bild und dem Wort als Begriff.

Und dazu gleich noch ein Zweites, ein nicht minder schwerer Fall von »undecidability« (von welcher die Dekonstruktivisten eine gewisse Zeit lang geschwärmt hatten). Viel stärker als dies in der Prosa der Fall ist, wird für die Lyrik zum Existenzproblem, nicht alles zugleich, nicht an jeder Stelle, auf jeder Position innerhalb des lyrischen Gebildes alles auf einmal sagen zu können. Denn zu den sinnkonstitutiven logischen Formzwängen der linearen Sprache gehört nun einmal der Umstand, dass jede Proposition aus der fortlaufenden Vernichtung von Alternativen hervorgeht. Sich sinnvoll und verbindlich zu äußern, das bedeutet, sich festzulegen auf das ›so und nicht anders‹ einer Formulierung, die alle sonstigen Optionen zwar vielleicht noch im Sinn hat, aber mit konsequenter Strenge aus der eigenen Satzlinie ausschließen muss. Es macht schon einen Unterschied, ob wir es, beispielsweise, mit dem »Schrei der Bergdohle« oder mit »dem Kuss der Bergdrohne« zu tun haben. Was aber, wenn diese alternativen Muster des Sagens immer wieder neu aufklaffen, ohne dass ihr zwillingshaftes Nebeneinander sauber entflochten werden könnte?

Zum Stocken kommt dabei auch der zeitgebundene Fortlauf der Zeilen- und Verslinien selbst, die ja ohnehin ihre eingerückte Position als Signum einer aufzuhebenden Kontingenz an sich tragen. So hatte einmal Roland Barthes vorgeschlagen, Texte als orchestrierte Partituren zu beschreiben, die auf ein und derselben Zeitstelle stets mehrere Varianten, Ober- und Unterstimmen mit sich führen. Fues forciert solche Unentscheidbarkeit durch poetische Serien- und Reihenbildungen, die das pull-down-Menü der Wortlisten nicht zum Zwecke der Auswahl durchmustern, sondern sich beim Krämer am besten gleich alle Stücke für den Heimweg einpacken lassen. Da finden sich, nebeneinander in den Korb gelegt: »asymmetrisch / asymptorisch / asynchron«; »Violet Velvet«, »alternd ädernd«, oder auch: »hubstapelfreundlich / palettengerecht«. Das Unerschöpfliche dieser Gedichte kommt zustande durch die jeweils auf kleinstem Raum enzyklopädisch ausgreifende Weltzugewandtheit, »jeder / Chiffre von Anlass / bis Zukunft« auf der Spur.

Es sind Gebilde des doppelten Bodens, der dialektischen Volte, der zwei- und dreifach rücklinks eingesprungenen rhetorischen Pirouetten; doch bleibt im Wechsel der Kulissen jeweils kaum Zeit, ihnen staunend nachzusehen. Von »sehr klein« bis »sehr groß« sind es nur wenige Zeilen, bei jedem Blättern ändert sich das Bild. Mit leiser Melancholie füllt sich »das Blatt aus der Zeit / als das Welken noch geholfen hat«. Andererseits darf die den Gedankenlauf bestimmende Geradeausrichtung sich ihrer Gang-›Art‹ auch nicht zu sicher sein; wer weiß, in welcher Verfassung sie die Kante des Versendes übersteht. »Zwischen Et und Was / splittert's.« Es kann nicht darum gehen, die Sprache nach Gebrauch unbeschadet zurückzugeben. Und nur selten kommt der eingefädelte Tropus ins Ziel, ohne dass ihm unterwegs die Pointe zur windschiefen, quijotesken Figur eines Zeugmas verdreht worden wäre. So ergibt sich eigentümlich zwanglos das subversive ästhetische Programm einer Aufhebung des linearen Zeitstrahls, seiner Kehre am verspoetischen Klappscharnier, »an der letzten oder der ersten / Postauto-Haltestelle«. Es sind längsgeklappte Leitern, auf denen die Verstiegenheit gewählter Wortfindung – welch ein Luxus, nicht kostspielig, aber extravagant – zum neuen Richtungssinn avanciert ist.

Para subir al cielo, für den Weg in den Himmel, so paraphrasierte einst Pablo Neruda die eingängige Volksweise von *La Bamba*, braucht es nicht mehr als zwei Leitern, eine große lange und eine kleine kurze; und ein Gedicht, das beim Klettern Hilfestellung bietet.

Inhalt

es ist sehr klein · 6
Es ist sehr groß · 8
Abblende · 10
So fern, so fort, so gleich · 12
Der Kreis der bewohnbaren Welt · 14
An Dich I · 17
Das Einaug · 19
Das ist der Augenblick · 23
Loreley · 28
Mein Mitspieler, mein · 30
Am Riss · 33
Tote Erde · 35
An Dich II · 36
Die Stadt ohne Tod · 37
Spitzfedrig spitzwedlig · 43
Passhöhe. Altes Hospiz. Sanft · 48
Wenn das Festland erreicht ist · 52
Grosse Kiste rechts · 54
An Dich III · 63
St Fargeau · 64
Sehr zu Bedauerndes · 66
Jemand in jemandes Reise-Journal · 68
Monokaeder · 70
Jemand, der Sonnenaufgänge · 73
Der Steinschneider schaltet · 75

Absicht? Worauf? Den Brief · 78
Ellipse. Hüfthoch, zwischen · 81
Intramajuskuskulär · 85
Du und Ich setzen · 88
Mein Tod · 91
Äolus' Kinder-KI · 94
Streifenweise Bunt · 95
Müngstener Brücke. Höllensturz · 98
An Dich IV · 100
Evêque inconnu · 101
Wo die Strasse im S liegt · 103
Glücksdrachen hüpfen vor meinen Schuhn · 104
Mainächte · 106
An einem Tag der wie Schnee · 109
An Dich V · 112
Wo der Holzweg sein Ende · 114
In der vor mir zur Mitwelt · 117

Alexander Honold
Himmelsleitern, längsgeklappt. Zum neuen Gedichtband von Wolfram Malte Fues · 120